LE JARDIN DE CHINE DE MONTRÉAL

GUIDE ILLUSTRÉ COMPLET

SOCIÉTÉ
DU JARDIN DE CHINE
DE MONTRÉAL

FIDES

Données de catalogage avant publication (Canada)
Société du Jardin de Chine

Le Jardin de Chine de Montréal

Comprend des réf. bibliogr.
Publ. aussi en anglais sous le titre : The Chinese Garden of Montréal

ISBN 2-7621-1728-3

1. Jardin botanique de Montréal. 2. Jardins chinois - Québec (Province) - Montréal. I. Jardin botanique de Montréal. II. Titre.

SB457.55.S62 1994 580'.74'471428 C94-940882-4

Dépôt légal : 2e trimestre 1994.
Bibliothèque nationale du Québec

RÉDACTRICE : Danielle Tellier
RÉVISEURS : Francine Hoffman, Daniel Forest, Jean Marchand et Wen Qi
ÉDITRICE ET RESPONSABLE DE L'ICONOGRAPHIE : Jocelyne Delage
CONCEPTION ET MONTAGE : Édition électronique Niche
RESPONSABLE DU PROJET : Wen Qi

PHOTOGRAPHIES : Jean-Pierre Bellemarre *3 (mur), 12, 29 (bananier), 43* ; Jardin botanique de Montréal *2, 28, 53, 67 (danseurs et musiciens), 90* ; André Bouchard *70 (moines), 80, 93, 99, 100, 102, 108, 111 (penjing), 112, 116, 117* ; Gérald Brosseau *6, 115* ; Philip Creery *75, 76, 81* ; Jocelyne Delage *32, 44, 52* ; Yvette Delage *70 (temple), 71, 79, 101* ; Daniel Fortin *4, 29 (olivier)* ; Michel Filion *68* ; Normand Fleury *64* ; Raymond Gagnon *15, 16, 18* ; Anne Gardon *47 (Cour du printemps)* ; Richard Lavertue *14, 17, 19, 20, 22 et 23, 24, 25, 29 (iris), 31 (murale), 34 (catalpa), 37, 38, 39, 40, 41, 42, 47 (fleurs), 48, 50, 54, 55, 59, 61 (inscription), 62, 63, 66, 67 (bois), 72, 73, 84, 89, 97, 106, 107, 114, 118* ; Réjean Martel *5 (rhododendrons), 31 (fleurs), 35* ; Perry Mastrovito *7 (pierre), 8, 9, 11, 30, 33, 36, 45, 49, 57* ; Roméo Meloche *34 (marguerites), 46, 80, 56* ; Pierre Perrault *3 (pavillon), 13, 26, 27, 61 (pavillon)* ; Suzel Perrotte *10, 51, 74, 78, 82, 85, 86, 87, 92, 84, 96, 105, 111 (sampan).*

CALLIGRAPHIE : Zhang Liankui

Photographie de la page couverture : Richard Lavertue.
p. 48 : La glycine ou wisteria est une plante grimpante d'Asie que l'on retrouve dans la Cour du printemps.
p. 94 : La Grande Muraille, œuvre du Premier Empereur Shi Huangdi.

TABLE DES MATIÈRES

Préface v
Remerciements vi
Introduction vii

LE JARDIN DU LAC DE RÊVE 1
Les plantes 3
L'eau 6
Les pierres 7
L'architecture 12
ENCADRÉ L'architecture paysagiste au féminin 20

ITINÉRAIRE 21
Carte 22
La Cour d'entrée 26
Le Pavillon de l'amitié 35
La Cour du printemps 46
Le Pavillon des lotus 51
Le Kiosque de l'ombre verte 54
La Montagne de pierre 57
Le Pavillon où se figent les nuages empourprés 60
Le Kiosque de la douceur infinie 63
Le Bateau de pierre 65
ENCADRÉ La Société du Jardin de Chine de Montréal 68

DES JARDINS CHINOIS 69
Le jardin monial, impérial ou privé 70
Le jardin du sud du Yangzi 78
Le jardin conçu comme une peinture 80
La segmentation de l'espace et la miniaturisation 85
ENCADRÉ Un village chinois au cœur du Jardin botanique 90

FRAGMENTS DE CULTURE CHINOISE 91
La Chine aujourd'hui 92
Les dynasties chinoises 95
La Chine sous les Ming (1368-1644) 96
Les grands fleuves 100
Divers symboles chinois 102
L'art chinois des arbres miniatures 110
Les quatre trésors du lettré 115

Conclusion 119
Bibliographie 120

PRÉFACE

Toutes les grandes civilisations possèdent des traditions les caractérisant, que ce soit leur langue, leur littérature, leur culture ou leur histoire. Mais les jardins font aussi partie des traditions. Pensons aux jardins japonais, français ou anglais. Il est donc tout à fait normal que la Chine, pays aux dimensions de continent, possédant une culture façonnée par plusieurs millénaires, ait développé un type de jardin si unique ; essentiellement axé sur l'harmonisation des éléments naturels tels la montagne, l'eau et les végétaux, ce jardin forme un véritable paysage créé par l'homme. Sa présence est aussi manifeste dans les pavillons s'intégrant à l'aménagement paysager. La nature et l'homme vivent ici en harmonie. Le concept de jardin chinois a beaucoup à offrir à tous ceux qui se préoccupent de la qualité de l'environnement.

En 1988, M. Pierre Bourque, alors directeur du Jardin botanique de Montréal et grand admirateur de la civilisation asiatique, dirigea une première mission officielle à Shanghai afin de jeter les bases de ce projet d'envergure. À son retour, le maire de Montréal, M. Jean Doré, s'enthousiasma pour la transplantation d'un morceau de Chine dans le Jardin botanique de Montréal. Nous leur devons cette réalisation remarquable puisque nous avons le plus grand et le plus beau jardin chinois en dehors du Pays du Milieu.

Le Jardin de Chine de Montréal schématise pour vous un style de vie, des traditions, une philosophie et un amour de la nature à l'orientale. Il vous donne un aperçu d'une culture ancestrale à la sagesse légendaire. Puissiez-vous en lisant ce livre et en visitant ce jardin vous ouvrir à la Chine d'hier et d'aujourd'hui.

André Bouchard

Directeur du Jardin botanique de Montréal
Professeur titulaire à l'Université de Montréal

REMERCIEMENTS

En premier lieu, nous désirons transmettre nos remerciements aux membres du comité consultatif, MM. Zhang Yi-Jun, ambassadeur de Chine, Raymond Wong, président du Centre uni de la communauté chinoise de Montréal et président de la Société du Jardin de Chine de Montréal, Charles Le Blanc, directeur du Centre d'étude sur l'Asie de l'Est de l'Université de Montréal, Claude-Yves Charron, professeur au Département de communication de l'Université du Québec à Montréal et directeur du Centre conjoint de recherche en communication sur l'Asie Pacifique, qui nous ont appuyés tout au long de ce projet et nous ont prodigué leurs commentaires et conseils sur le présent ouvrage.

Nous remercions aussi de leur collaboration, que ce soit en relisant le texte, en vérifiant le contenu scientifique ou en contribuant à l'iconographie, MM. Denis Ashby, Jean-Pierre Bellemarre, André Bouchard, Gérald Brosseau, Wang Dajun, Louis-Réjean Deschênes, Michel Filion, Normand Fleury, Michel Gagné et Raymond Gagnon, Mme Anne Gardon, MM. Émile Jacqmain et Richard Lavertue, Mme Jei Mei Lee, MM. Zhang Liankui, Réjean Martel, Perry Mastrovito et Roméo Meloche, Mme Édith Morin, M. Pierre Perrault et Mme Carmen Pruneau.

Nos remerciements s'adressent aussi aux peintres Christian Deberdt et Ming Ma qui nous ont permis de reproduire leurs toiles, ainsi qu'aux personnes et organisme qui nous ont prêté des documents iconographiques pour illustrer ce livre : Mme Nicole Boisclair, MM. André Bouchard et Philip Creery, Mmes Ghislaine de Cotret, Jocelyne Delage, Yvette Delage, Suzel Perrotte, de même que la Médiathèque du Jardin botanique de Montréal et l'Ambassade de Chine.

La réalisation de cet ouvrage par la Société du Jardin de Chine de Montréal a été rendue possible grâce au programme *Étalez votre science* du ministère de l'Industrie, du Commerce, de la Science et de la Technologie du Québec, et grâce aux Programmes pour le Québec de la Fondation Asie Pacifique du Canada, que nous remercions de leur collaboration.

INTRODUCTION

Au cœur du Jardin botanique de Montréal niche le Jardin du Lac de rêve, un jardin chinois authentique. Sa conception est l'œuvre d'un architecte chinois de renom, Le Weizhong, qui s'est inspiré des anciens jardins privés existant toujours dans la région du sud du Yangzi.

Ce jardin est unique. Il procure une expérience riche et hors de l'ordinaire. Se voulant rustique et asymétrique, il répond pourtant à un esthétisme rigoureux. Le visiteur y décèle l'empreinte des traditions de la culture chinoise et il peut y laisser voguer son imagination.

C'est à la fois un lieu de contraste et d'harmonie. L'organisation spatiale, l'architecture des pavillons, les sélections végétale, aquatique et minérale ainsi que le contraste né du *yin* et du *yang* traduisent les principes séculaires de l'art chinois de l'aménagement paysager.

Il est aussi un refuge comme les jardins chinois d'autrefois, qui, changeant au fil des saisons, offraient un microcosme de la nature empreint de tranquillité. Propice à la méditation, il permet à l'homme d'approfondir ses liens avec la nature.

Il faut donc explorer le jardin de Chine pour décoder les symboles qui s'y cachent et pour découvrir un peu la culture chinoise dans les pavillons de style Ming, et il faut lire *Le Jardin de Chine de Montréal* pour obtenir des renseignements précieux sur la Chine : époque actuelle, dynasties, époque Ming, géographie, orographie, œuvres d'art, peinture, notamment, de même que nombre d'informations relatives aux types de jardins et à leurs composantes.

Le Jardin du Lac de Rêve

園

Le terme chinois *yuan*, qui signifie « jardin », n'incorpore aucun des traits spécifiques aux caractères désignant l'herbe, l'arbre ou l'eau. Les traits majeurs de ce mot mettent plutôt l'accent sur la notion d'enceinte, de lieu muré. L'importance accordée à cette notion n'a rien de surprenant. Elle fait directement référence à l'histoire tourmentée qui a forgé la Chine : des murs ceinturaient les villes pour les protéger et, un mur gigantesque, la Grande Muraille, défendait même l'ensemble du territoire contre les envahisseurs.

Un des plans préliminaires du Jardin de Chine dessiné à Shanghai.

Les parcs publics n'existaient pas autrefois, et seules les personnes autorisées par leur rang ou par leur fonction avaient accès aux jardins. Les murs servaient donc à l'origine à garder les intrus à l'extérieur. Ils permettaient d'isoler le jardin de la cohue et des bruits de la ville et d'en préserver l'intimité et la tranquillité. À ces raisons pratiques viendra se joindre au cours des siècles une valeur artistique. Les murs seront en effet si bien intégrés à l'architecture d'un jardin chinois qu'ils deviendront l'un de ses éléments essentiels. Leur importance sera telle que des murs autres que ceux de l'enceinte extérieure seront ajoutés pour redécouper l'espace intérieur du jardin, créant ainsi des lieux confinés. La Cour d'entrée ainsi que la Cour du printemps que vous verrez plus loin en sont des exemples. Cependant, le Jardin du Lac de rêve n'est pas entièrement muré, il est plutôt « fermé » par des structures naturelles telles les bosquets, les haies, les monticules.

Les murs blancs servent de toile de fond.

Les murs sont blancs comme le papier sur lequel l'artiste trace ses lignes. Cependant, les lignes de l'artiste sont ici les troncs, les branches et les ouvertures. Ces murs chaulés reflètent la lumière et jouent avec les ombres.

La création d'une harmonie jardinière à la chinoise s'effectue au moyen de quatre éléments principaux : les plantes, l'eau, les pierres et l'architecture.

LES PLANTES

La complexité de l'agencement horticole mérite qu'on s'y arrête. Les horticulteurs chinois ont choisi les plantes et les arbres de ce jardin en considérant non seulement les particularités de chacun, mais en tenant également compte de la palette des couleurs au moment des floraisons et de l'aspect changeant au fil des saisons.

Le Pavillon de la douceur infinie sous la végétation.

La sélection des spécimens locaux a constitué un travail minutieux car chacun d'eux devait répondre à des attributs précis. Lorsque la rusticité d'une plante ne s'accordait pas au climat local, son substitut devait se rapprocher de l'aspect recher-

Le romantisme de l'olivier de Russie.

ché initialement. Ainsi, beaucoup d'arbres à feuilles persistantes prévus à l'origine ont été remplacés par des conifères afin d'assurer de la verdure tout au long de l'année. Il en a été de même pour les formes. Si au premier coup d'œil certains arbres ne semblaient pas offrir les qualités esthétiques habituellement retenues en Occident, il faut reconnaître que les troncs inclinés ou les ramures irrégulières s'intègrent parfaitement à ce décor asiatique.

Au total, le jardin compte plus de 200 arbres feuillus et quelque 300 conifères. La plantation n'a pas été de tout repos : quelques arbres ont dû être transplantés avec des mottes de terre qui pesaient jusqu'à 15 tonnes (16,5 t). Le jardin comprend aussi 275 conifères nains, un millier d'arbustes et d'arbrisseaux, et des milliers de plantes vivaces. Une telle quantité et une telle diversité s'explique du fait que le Jardin du Lac de rêve est intégré à un jardin botanique. Ce statut particulier facilite la transplantation annuelle des plantes indispensables à tout jardin chinois, telles le bambou, le bananier, l'osmanthe, le nandina ou le podocarpe, qui ne supportent pas les grands froids hivernaux.

Les jardins chinois n'ayant pas de surface gazonnée, on recherche des plantes reconnues pour leur feuillage persistant et pour leur qualité à bien recouvrir le sol comme le liriope, l'hosta, le sédum, le raisin d'ours (*Arctostaphylos uva-ursi*) ou la corbeille d'argent (*Iberis sempervirens* 'October Glory'). De la fougère (*Polystichum acrostichoides*), appelée « polystic faux-acrostic », des touffes de deschampsia, une graminée, et de carex plantain, une plante herbacée, sont plantées dans les anfractuosités des roches et le long des sentiers afin de donner un aspect sauvage au jardin.

Les arbustes à feuillage persistant, c'est-à-dire dont les feuilles ne tombent pas en hiver, sont abondants. En plus d'offrir une infinité de nuances de vert au fil des saisons, plusieurs se parent de fleurs ou de fruits très décoratifs. Parmi ceux-ci, on remarque le rhododendron, le houx (*Ilex x meserveæ*), le mahonia à feuilles de houx (*Mahonia aquifolium*), le millepertuis (*Hypericum calycinum*), le thé des bois (*Gaultheria procumbens*), le cotonéaster (*Cotoneaster dammeri*), le paxistima (*Paxistima canbyi*) et l'andromède (*Andromeda polifolia*). Des conifères à port étalé viennent se mêler à ces arbustes : le genévrier (*Juniperus horizontalis*), l'if du Canada (*Taxus canadensis*), le faux-cyprès de Sawara (*Chamæcyparis pisifera*) et le pin de montagne (*Pinus mugo*).

Lors de l'aménagement d'un jardin chinois, on préfère les fleurs vivaces aux fleurs annuelles parce qu'elles présentent une allure plus naturelle. On retient également des variétés qui ne sont pas d'apparence trop cultivée. De façon générale, on favorise les petites fleurs et les variétés à fleurs simples, diffuses et aérées, toujours dans le but de se rapprocher le plus possible de la nature. Le choix s'effectue en fonction de la couleur de la fleur et du feuillage devant rester beau toute la saison. Quant aux annuelles, leur quantité diminue à mesure que le jardin prend du caractère et de la maturité. Parmi les espèces retenues, on compte le muflier, le bégonia, la balsamine et l'œillet.

Un arbuste à feuillage persistant : le rhododendron.

Les jardins chinois privilégient les plantes et les arbres que l'histoire et la tradition ont chargé de symbole. La connotation symbolique de ces plantes en multiplie les utilisations. De nombreuses autres plantes, malgré des qualités ornementales certaines, ne sont pas retenues parce qu'à cause de leur rareté, elles ne possèdent pas cette valeur symbolique chère aux Chinois.

L'EAU

Au Jardin du Lac de rêve, l'eau occupe une place de choix. Les paysages aquatiques sont inhérents aux jardins privés du delta du Yangzi. L'eau est d'ailleurs responsable de la renommée de villes comme Hangzhou, sise sur les bords du Lac de l'Ouest, ou Suzhou, quadrillée de canaux. L'eau est aussi un des éléments étudiés par le *fengshui* ou géomancie ; anciennement, la prospérité était impossible sans la présence d'une source ou d'un ruisseau. Elle est essentielle pour représenter la totalité de la nature, et sa ligne horizontale contrebalance l'effet de la montagne. Elle régularise la température et forme un microclimat propice à la végétation. Les touffes de plantes aquatiques répondent aux massifs floraux des berges dans une sorte de continuité.

L'eau dégage une atmosphère sereine et éveille la sensibilité du spectateur. L'eau est un des éléments dominants et unificateurs de ce jardin : elle s'insinue jusqu'au Pavillon des lotus, elle baigne le pavillon nommé « Le Bateau de pierre » et ses méandres encerclent presque le Kiosque de la douceur infinie. L'étendue du lac est de 60 mètres (197 pi) de long sur 40 mètres (131 pi) de large, mais sa surface plane produit les effets d'un miroir et semble accroître les dimensions. Ces réflexions, de même que la présence des ponts pour traverser les bras d'eau, font paraître le jardin encore plus grand. Dans les jardins privés, l'eau couvre souvent plus de la moitié de la superficie totale. Dans

L'eau, élément dominant et unificateur du jardin chinois.

les jardins impériaux, notamment ceux de Beihai et du Palais d'été à Beijing (Pékin), elle occupe même plus des deux tiers de l'espace.

On a créé des île et presqu'île, ainsi que des lac artificiel et étang jonchés de plantes aquatiques, pour susciter cette relation d'humilité et d'harmonie avec la nature prônée par Lao-Tseu. À lui seul, le lotus occupe plus de 200 mètres carrés (656 pi^2) de l'Étang des lotus, et les nénuphars sont légion.

À certains endroits, la pierre affleure l'eau ; près de la chute de grosses roches émergent de l'eau. L'eau et la pierre sont opposées : l'eau est *yin*, la pierre est *yang*. Elles sont opposées, mais elles ne peuvent être dissociées l'une de l'autre, car elles constituent les deux éléments d'un tout. Du contraste et de la complémentarité naît l'harmonie.

Christian Deberdt. *Rêve de grenouille*, 1992, acrylique, 1,2 sur 1,8 m (4 sur 6 pi).

LES PIERRES

Une authentique pierre grise, ajourée et texturée, du lac Tai.

Pour les Chinois, si l'eau représente les artères de la terre, la pierre en forme l'ossature. La pierre est omniprésente dans un jardin, elle en constitue même l'élément le plus distinctif ; elle occupe dans le jardin chinois la place que les Occidentaux réservent aux massifs de fleurs et de verdure. Celles que l'on retrouve dans ce jardin proviennent du lac Tai (pierres grises) et de l'île Sainte-Hélène (pierres jaunes).

Le lac Tai, dans la province du Jiangsu, est le quatrième plus important lac d'eau douce de Chine. D'une superficie de 2 425 kilomètres carrés (970 mi^2) sa beauté a de tout temps été une source d'inspiration pour les peintres et les poètes. De ce lac, d'une profondeur

Les pierres d'un jaune chaleureux et rustique de l'Île Saint-Hélène composent la montagne de pierres artificielles à la gauche du Kiosque où se figent les nuages empourprés. Traditionnellement, la pierre

utilisée pour la montagne artificielle doit contraster avec la pierre lisse et grise de la région du lac Tai.

À Shanghai, le Jardin Yu Yuan, enjolivé de pierres du lac Tai.

moyenne de seulement 3,3 mètres (11 pi), ont été extraites des roches aux formes surprenantes qui sont devenues une des composantes indispensables des jardins chinois. Ces formations calcaires poreuses et friables ont été bizarrement façonnées par l'action séculaire de l'eau et du sable. Usées, creusées, patinées par l'érosion, ces pierres ont acquis une texture et des formes particulières qui les rendent uniques.

La pierre deviendra une sculpture isolée, choisie pour sa ressemblance avec des élements qu'on veut évoquer, tels des nuages, une tête de dragon, un corps de lion, ou encore pour ses formes fantastiques, parfois grotesques, propices à éveiller l'imagination, à susciter l'émotion. Regroupées, amoncelées, les roches pourront former des paysages minéraux plus complexes, et même, elles pourront recréer de véritables collines comme nous le verrons plus loin. Cet engouement des Chinois pour certains types de roches est mieux compris des Occidentaux depuis l'apparition de la sculpture abstraite des temps modernes.

Chaque pierre creusée de cavités, aux lignes adoucies, constitue un paysage en soi. Selon les angles, il se modifie et révèle d'autres formes qui mettront l'imagination en branle, provoqueront de multiples interprétations.

Tous les jardins classiques exposent des pierres du lac Tai. Les Japonais reprendront à leur manière cette beauté abstraite dans les jardins zen entièrement composés de minéraux. Aujourd'hui toutefois, compte tenu de leur rareté, les pierres ne sont plus extraites du lac Tai, elles proviennent plutôt de la région avoisinante où elles sont sélectionnées selon les mêmes critères.

Au Jardin, on compte 500 tonnes (550 t) de pierres grises du lac Tai qui ont été expédiées de Chine. On les retrouve comme monolithe de l'entrée, pierres symbolisant les Trois Étoiles et bordures des plates-bandes et sentiers.

La Montagne de pierre.

L'importance de la pierre s'exprime aussi à travers la « montagne artificielle ». Il s'agit d'une colline créée de toutes pièces au moyen d'un amoncellement de pierres rapportées et cimentées et de la terre excavée lors du creusement du lac. Ce monticule avec ses pierres aux arêtes vives reproduit la montagne, un monde chargé de symbolisme.

Traditionnellement, la pierre utilisée pour la montagne artificielle doit contraster avec la pierre lisse et grise de la région du lac Tai.

En Chine, dans la région du delta du Yangzi, on avait habituellement recours à la pierre jaune des montagnes Huang sises à proximité pour enjoliver les jardins. Comme il était impensable d'importer les 3 000 tonnes (3 300 t) nécessaires à la construction d'une montagne de 9 mètres (30 pi), les experts ont cherché une pierre locale qui pouvait s'apparenter à la pierre jaune des montagnes Huang.

Leur choix s'est finalement arrêté sur une formation rocheuse de l'Île Sainte-Hélène. Située au milieu du fleuve Saint-Laurent, face à Montréal, l'Île Sainte-Hélène a été le site de l'exposition universelle de 1967. Le sol de cette île renferme une brèche de diatrème, c'est-à-dire un conglomérat formé par un phénomène explosif il y a quelque cent millions d'années. Cette pierre donne une impression d'ancienneté et de rudesse, elle présente une chaude teinte de brun orangé. La pierre extraite possède donc les qualités appropriées pour créer la montagne si caractéristique des jardins chinois, une montagne dotée de pouvoirs surnaturels.

Mais, bien ancrée dans la réalité, la quatrième caractéristique d'un jardin chinois, et non la moindre, est la présence de l'architecture.

L'ARCHITECTURE

Qui dit « jardin », dit « homme ». Car c'est justement la main de l'homme qui crée des paysages aménagés à l'échelle voulue. C'est elle qui orchestre la féérie d'un agencement semblant jaillir de la terre. Et c'est aussi elle qui dessine et construit des composantes architecturales pour habiter un jardin. En fait, l'architecture

Des murets greffés aux murs.

témoigne haut et fort de la présence de l'homme dans la nature.

Dès ses premiers balbutiements, le jardin chinois intégrait des éléments architecturaux visant à rehausser le paysage. Un jardin chinois est une œuvre d'art et d'architecture. On pourrait même dire qu'il est tout architecture tant foisonnent les labyrinthes de murets greffés aux murs, de courettes imbriquées dans des cours intérieures, de ponts entés sur les îles et presqu'îles, de sentiers serpentant par monts et vallées, et se lovant autour des pavillons ou kiosques. De tout temps, les Chinois tirent leur plaisir suprême de la communion avec la nature. La survenue de la pleine lune, l'apparition de la première fleur de pêcher, le parfum troublant du jasmin sont autant de joies pour eux. Quelle meilleure façon de s'y lier que de les reproduire en un ouvrage immuable. D'où la passion pour les éléments architecturaux représentant la nature qui constellent un jardin à la chinoise.

Balustrade dentelée du Kiosque de la douceur infinie.

Au Jardin du Lac de rêve, la montagne et les presqu'îles s'harmonisent autour de constructions exotiques. De style classique, ouvertes ou fermées, ces dernières s'inspirent de l'époque Ming. Poutres et colonnes de structure, agencées à l'ancienne, s'emboîtent les unes dans les autres, assemblées par tenons et mortaises.

Sculpture des poutres tronquées de la Porte Canada-Chine.

Entourés de balustrades dentelées, coiffés de toits exotiques aux coins moqueusement retroussés, chapeautés de tuiles bombées enjolivées de symboles chinois, ses pavillons rivalisent de grâce et d'élégance.

Ornementées de rampes aux motifs intriqués, de corniches, de frises, d'arêtières ou de faîtières à thèmes, ses structures sont autant de sculptures pittoresques.

Épanouies en dessins de fleur, de plante, d'animal ou d'autres motifs,

Fenêtre au motif de fleurs. Porte au motif de fleur d'abricotier.

ciselées selon de savantes figures géométriques, ses fenêtres sont un enchantement pour les yeux et une stimulation pour l'imagination.

Ouverts, entre autres, en forme de pétales de fleur d'abricotier, de pleine lune ou de coquille, ses murs se cabossent, s'incurvent et ondoient pour protéger les trésors végétaux, minéraux ou artistiques confiés à leur garde.

Plus souples, mais toutefois résistantes, des partitions de bambou servent de divisions psychologiques et d'ornements inusités avec leurs entrelacs inventifs.

Cédant à la fantaisie et à la créativité, ses planchers et allées sont des mosaïques kaléidoscopiques dont la flaveur toute asiatique ébahit les occidentaux.

Qu'il soit de sable ratissé, de gravier, de cailloux, de pavés, de galets, de dalles ou de médaillons, le pavage fait office de décoration et de pare-humidité, boue ou herbe folle.

Couloirs, embranchements, sentiers ou chemins, les allées contrôlent la dynamique du jardin. Cette architecture connective est aussi importante que les dénivellements, paliers, pentes et marches pour donner vie et mouvement à ce trésor d'architecture que représente un jardin chinois.

LE CONCEPT DE JARDIN CHINOIS

Dans un jardin chinois, ne cherchez ni la pelouse des jardins anglais, ni l'alignement des jardins français. Les jardins chinois chamboulent les perspectives et bouleversent les conventions occidentales. Les éléments qui les composent renferment une grande valeur métaphorique. Le concepteur d'un jardin reproduit la nature. Il crée une peinture tridimensionnelle. Il dispose les formes et les masses afin d'obtenir des contrastes, de susciter des moments d'émotion. Il dessine une suite de paysages qui apparaissent l'un après l'autre, tel un rouleau de soie peint dévoile ses paysages à mesure qu'on le déroule.

En cachant une partie du jardin par une cour d'entrée murée, le concepteur applique un principe ancien qui consiste à diviser l'espace pour l'agrandir. Il aménage des vues différentes, segmentées pour repousser les limites. Il cloisonne et crée des oppositions pour donner l'illusion que cette partie est plus grande. De prime abord, les visiteurs sont étonnés, ils trouvent parfois cet aménagement confus. Mais la confusion est volontaire, le désordre n'est qu'apparent.

Les sentiers sinueux éloignent le point à atteindre. Les méandres des bras d'eau, que le pont en zigzag semble élargir, suggèrent une rivière dont on ne voit ni le début ni la fin. Les murs forment écran, créent le mystère sur ce qui suivra. Les portes décentrées, les dispositions asymétriques changent les perspectives. Un arbre paraît plus grand parce qu'il est isolé, mettant en évidence ses formes tourmentées. Le regard s'échappe par la trouée d'une fenêtre ou s'arrête sur des constructions imposantes. Le jardin chinois est un labyrinthe, un puzzle dont tous les morceaux ne sont jamais visibles en même temps. L'effet recherché est atteint. L'œil non averti pourrait juger artificielles certaines images des jardins chinois, ou exagérés et

Pavage en mosaïque d'octogones et de carrés.

saugrenus certains de ses éléments. Mais cette perception ne tient pas compte de la charge du symbolisme chinois. À travers le regard chinois, ils reprennent leur pleine signification.

De tout temps, les jardins chinois ont fasciné par la luxuriance et le coloris de leur végétation. Hâvres de paix et de tranquillité, source de plaisir esthétique sans cesse renouvelé, ils sont fort prisés par les personnes de toutes races, de tous âges et de tous milieux socio-économiques. Ils sont une richesse pour les yeux, ils procurent une sensation de bien-être indéfinissable.

LE PLUS GRAND JARDIN CHINOIS EN DEHORS DE LA CHINE

À la suite des Floralies internationales de Montréal en 1980, des liens se sont tissés entre le Jardin botanique de Montréal et celui de Shanghai. En 1987, une entente officielle était signée par les maires des deux villes : MM. Jean Doré et Jiang Zhemin. L'aménagement d'un jardin chinois à Montréal, par des experts de Shanghai, s'inscrit dans le cadre de cette entente entre Montréal et Shanghai dont le but est de développer des échanges d'expertise et de technologies dans divers domaines, dont ceux de la culture et de l'horticulture.

Le 20 juin 1991, lorsqu'on a procédé à l'inauguration du Jardin du Lac de rêve, les dernières caisses en

Sculpture de verre offerte aux principaux collaborateurs lors de l'inauguration du Jardin de Chine.

Les pervenches de Madagascar que l'on voit devant le Pavillon de l'amitié à la page 36.

provenance de Chine n'avaient été réceptionnées que quelques semaines auparavant. L'année précédente, plus d'une centaine de conteneurs avaient déjà traversé la moitié du globe par bateau. Des caisses, pesant au total quelque 2 500 tonnes (2 750 t), renfermaient le matériel de construction indispensable à la réalisation d'un authentique jardin chinois : des tuiles d'argile, des dallages, des outils, du mobilier, des poutres de bois et 500 tonnes (550 t) de pierres grises extraites dans la région du lac Tai.

Le travail avait d'abord commencé dans les ateliers de Shanghai où près de 250 ouvriers s'étaient employés à préparer, découper, sculpter billes de bois et tuiles d'argile selon les plans établis au préalable. Pendant ce temps, des travailleurs montréalais exécutaient les travaux d'infrastructure et préparaient le terrain qui allait être occupé par les pavillons, l'étang, la montagne. En 1990, une cinquantaine d'artisans et d'experts chinois ont animé le chantier durant six mois pour assembler les pièces provenant de Shanghai, construire les sept pavillons, maçonner les murs d'enceinte et ériger la montagne de pierre. En même temps, une équipe d'horticulteurs chinois et montréalais procédait à la plantation des arbres et des arbustes. Lorsque prirent fin les travaux au début de l'hiver et que rentrèrent chez eux les artisans chinois, le chantier était presque complété. L'année suivante, une vingtaine d'artisans revinrent pour effectuer les travaux de finition et de décoration intérieure, tandis que les jardiniers terminaient les plantations d'arbustes et de fleurs.

LES MAÎTRES D'ŒUVRE DU JARDIN DE CHINE

Tout ce travail avait été précédé de voyages par des délégations des deux villes afin de mettre au point les procédures, les plans, l'organisation et l'exécution des travaux. Ce projet a été réalisé grâce aux efforts de MM. Pierre Bourque, alors directeur du Jardin botanique de Montréal, Wu Zhenqian et Hu Yunhua, directeurs successifs du Service des parcs de Shanghai. La conception du Jardin du Lac de rêve est l'œuvre de M. Le Weizhong, architecte et architecte paysager réputé, alors directeur de l'Institut de design et d'architecture de paysage de Shanghai. Ce dernier avait déjà collaboré, avec ses homologues de Suzhou, à la création d'un jardin chinois classique à l'intérieur du Metropolitan Museum of Art, à New York.

Parmi les principaux collaborateurs du côté montréalais, il faut mentionner : Mme Wendy Graham, architecte paysagiste à la Ville de Montréal et responsable de l'organisation et de la coordination du projet ; MM. Émile Jacqmain, chef de la division horticulture au Jardin botanique ; Louis-Réjean Deschênes, responsable des travaux horticoles au Jardin de Chine ; et, Pierre Deschênes, architecte consultant. Les experts de Shanghai ont été : MM. Shi Quankuan, ingénieur principal à la construction et Shi Meigang, responsable de la coordination du projet ; Mmes Yu Wei et Zhang Jie, toutes deux architectes paysagistes ; et M. Huang Runtao, horticulteur en chef.

La construction du Bateau de pierre.

Des fleurs de pommetier *Malus* 'Henrietta Crosby'.

L'ARCHITECTURE PAYSAGISTE AU FÉMININ

Comme c'est souvent le cas dans le domaine de la construction, la cinquantaine d'artisans chinois et leurs collègues canadiens – techniciens, jardiniers ou opérateurs – donnaient une allure très masculine au chantier. La représentation féminine se composait de quelques jardinières, et, au niveau de la direction, de trois femmes dont le travail se démarquait des rôles traditionnels.

L'une d'entre elles, Mme Wendy Graham, était responsable de l'organisation générale du chantier. Avant le début des travaux, elle avait effectué deux voyages à Shanghai afin de mettre au point quelque 135 planches techniques à partir du plan concept élaboré par l'architecte concepteur, M. Le Weizhong. Sur le chantier même, elle devait, entre autres, faire face aux problèmes techniques qui survenaient tant dans le domaine de la construction que dans celui de l'horticulture. De plus, elle veillait à coordonner les travaux entre les travailleurs québécois et étrangers.

Les deux femmes qui faisaient partie de la délégation chinoise, Mmes Yu Wei et Zhang Jie, étaient architectes paysagistes pour l'Institut de design et d'architecture de paysage de Shanghai. À ce titre, elles travaillaient en étroite collaboration avec l'architecte concepteur. Durant les six mois passés à Montréal, leurs tâches consistaient à compléter les dessins techniques tout autant qu'à choisir des types de plantes et leurs sites de plantation.

Phénix en jade
Dynastie Shang Yin
(1700–1028 av. J.-C.).

ITINÉRAIRE

Le plan aérien du Jardin de Chine dans son ensemble. Il a été découpé dans le guide pour faciliter l'orientation et la reconnaissance des pavillons.

1. La Cour d'entrée
2. Le Pavillon de l'amitié
3. La Cour du printemps
4. Le Pavillon des lotus
5. Le Kiosque de l'ombre verte
6. La Montagne de pierre
7. Le Lac de rêve
8. Le Pavillon où se figent les nuages empourprés
9. Le Kiosque de la douceur infinie
10. L'Île de jade
11. L'Étang aux lotus
12. Le Bateau de pierre

Pour visiter le Jardin de Chine, un parcours est suggéré à partir de la roseraie. Il permet de s'initier lentement à cette ambiance différente de la nôtre. L'abord du Jardin chinois a été soigneusement planifiée.

Une énorme pierre de 4 mètres (13 pi) de haut se dresse à l'entrée d'un sentier près de la roseraie et annonce que vous allez pénétrer dans un espace to-

L'entrée du Jardin de Chine, où l'on remarque un pommetier en fleurs, le monolithe où est gravé son nom *meng hu* ou « Jardin du Lac de rêve » et un pin sylvestre dépouillé.

talement différent. Sur ce monolithe de 4 tonnes (4,4 t), s'alignent à la verticale deux caractères gravés en vert : *meng hu* pour désigner « le Jardin du Lac de rêve ». Tout à côté, un pin sylvestre (*Pinus sylvestris*), à la forme dépouillée, communique déjà cette atmosphère unique aux jardins chinois. Le pin démontre la lutte pour la survie. Pour les Chinois, il représente aussi le triomphe de la vertu et symbolise la longévité. Parce qu'il demeure toujours vert, il constitue, avec le bambou et l'abricotier, les « trois amis de l'hiver ». Au tournant du sentier, préparez-vous à une transition radicale : un authentique jardin privé de l'époque Ming, le plus grand jardin chinois construit hors d'Asie.

Deux lions de pierre gardent l'entrée du Jardin du Lac de rêve qui couvre une superficie de 2,5 hectares (6 a). La femelle a la patte posée sur un lionceau et le mâle a la patte posée sur une boule. Ces gardiens protègent le jardin et son propriétaire. Ils symbolisent l'autorité et calment les esprits maléfiques.

Le panneau accroché au portail reprend, à l'horizontale cette fois, les mêmes caractères que ceux inscrits sur la grosse pierre de l'entrée : Jardin du Lac de rêve.

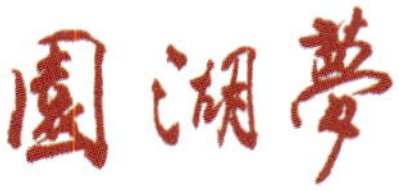

Les ferrures de la Porte Canada-Chine.

Traditionnellement, les caractères chinois sont tracés à la verticale, du haut vers le bas, et les colonnes se lisent de la droite vers la gauche ; sur les panneaux de ce genre, les caractères sont inscrits horizontalement et se lisent toujours à partir de la droite.

De nos jours, les textes s'écrivent de plus en plus horizontalement, mais le sens de la lecture a été inversé : elle se fait de gauche à droite. Sur ce panneau, les caractères sont inscrits de la droite à la gauche, sur le plan horizontal.

Le toit qui couvre le porche possède des pointes courbées qui s'élancent vers le ciel. Il s'avance en porte à faux vers l'intérieur du jardin tout comme vers l'extérieur. Les colonnes au sabot de granit, les colonnes tronquées, les poutres ouvrées et les treillis de bois décoratifs à motifs géométriques sont quelques-unes des

Les gardiens de l'entrée du Jardin du Lac de rêve.

composantes qui caractérisent l'architecture des jardins privés classiques. Ce style a atteint un niveau artistique remarquable sous la dynastie Ming (1368–1644) et fut sans cesse repris par la suite.

Cet ouvrage a été baptisé « Porte Canada-Chine » afin de souligner les relations amicales qui ont permis de mener à bien la réalisation d'un véritable jardin chinois au Canada. Ce sont en effet des experts et des artisans de la Ville de Shanghai, en République populaire de Chine, qui ont conçu et construit ce jardin. La plupart des matériaux de construction ont Pété préparés à Shanghai, puis expédiés et asssemblés à Montréal. D'ailleurs, le nom chinois du Jardin du Lac de rêve peut signifier, par homophonie, « jardin Montréal-Shanghai », car les caractères ont la même prononciation.

Lorsque vous franchirez le portail, prenez soin de bien enjamber le seuil, car une superstition prétend qu'on attire la malchance sur soi en y posant le pied.

Frises sculptées de la Porte Canada-Chine.

LA COUR D'ENTRÉE

Petit jardin en soi, la Cour d'entrée constitue un lieu de transition, une sorte de chambre de décompression. L'espace est volontairement limité par de hauts murs et la surface est réduite à quelque 120 mètres carrés (1 292 pi^2) de manière à concentrer l'effet de tableau. Cette cour confine le visiteur et, en même temps, elle l'enveloppe d'une atmosphère particulière et lui suggère une vision différente, poétique, de la nature.

La Cour d'entrée.

LES TROIS ÉTOILES

Dans la plate-bande face à la porte d'entrée, trois grosses pierres ont été plantées verticalement. Leur surface poreuse témoigne de l'effet du temps et de l'eau : elles ont en effet séjourné des années au fond du lac Tai avant d'acquérir ces formes qui en font des sculptures naturelles. Ces pierres symbolisent les Trois Étoiles : trois divinités chinoises très anciennes qui sont les dieux du bonheur de chaque personne.

福星

La pierre du centre représente l'Étoile du bonheur, appelée *fuxing*. Dans l'imagerie populaire, l'Étoile du Bonheur est personnifiée par un mandarin du VIe siècle, ou encore par un général de l'époque Tang (618–907), qui est souvent entouré de chauves-souris. La chauve-souris est un autre symbole du bonheur et, en langue chinoise, les deux mots sont homophones.

禄星

La pierre qui est à la droite de l'Étoile du bonheur symbolise la prospérité. On la nomme *luxing*, c'est-à-dire l'Étoile des dignités et des émoluments, ou encore l'Étoile des fonctionnaires, car autrefois cette fonction s'accompagnait d'un rang social élevé et d'avantages financiers. Ce dieu est personnifié par un fonctionnaire de la dynastie Han (206 av. J.-C.– 220 ap. J.-C.) qui acquit honneur et richesse au cours de sa vie. Ceux qui n'étaient pas lettrés et qui, par conséquent, ne pouvaient accéder à cette éminente classe sociale ont été portés à remplacer cette divinité par un personnage mythologique qui assure la naissance de plusieurs enfants. Aujourd'hui, l'Étoile de la prospérité peut annoncer la dignité sociale, la fortune de même qu'une progéniture nombreuse.

Malgré sa petite taille, le pin sylvestre à proximité est âgé d'une trentaine d'années. Des conditions difficiles ont retardé sa croissance en milieu naturel. Il a été choisi parce que les Chinois portent beaucoup d'estime aux arbres marqués par les rigueurs du temps.

壽星

La pierre de gauche, légèrement inclinée, représente l'Étoile de la longévité, *shouxing.* Ce dieu décide de la date de la mort de chaque personne. Il apparaît fréquemment incarné sous les traits d'un vieillard au crâne chauve et proéminent, appuyé sur un bâton noueux et tenant à la main une grosse pêche, fruit du monde céleste qui donne l'immortalité. Près de lui, on peut souvent apercevoir un champignon et une tortue, qui sont aussi des symboles de longévité.

LES ARBRES ET PLANTES

À droite de la porte d'entrée, se dresse un magnolia (*Magnolia kobus*) dont les grandes fleurs blanches sont très odorantes. Il surplombe les murs de telle sorte que sa présence est visible en dehors de cette enceinte. Traditionnellement, le magnolia représente la richesse. Il est aussi l'emblème de la Ville de Shanghai. Il allait de soi qu'on réserve une place de choix à ce magnolia de plus de quarante ans parce que les concepteurs et les artisans de ce jardin sont originaires de cette grande ville chinoise.

Des fleurs de magnolia à l'odeur suave.

À l'opposé, un gros thuya d'Orient (*Thuja orientalis*) nous fait face lorsqu'on descend la rampe d'accès. Arbre originaire de Chine, ce thuya est aussi âgé que le magnolia. Le port typique de cet arbre est très apprécié

Un des innombrables *Iris versicolor* du jardin.

Les fruits d'un olivier de Russie.

des Chinois. Près de la porte circulaire, un pommetier (*Malus* 'Henrietta Crosby') apporte, au printemps, ses guirlandes de fleurs roses qui se découpent sur les murs blancs et les pierres grises. Le pommetier représente ici la Ville de Montréal, car des plantations en bordent plusieurs rues. À gauche de cette porte, un olivier de Russie (*Elæagnus angustifolia*), ou chalef à feuilles étroites, répand en un effet dramatique ses branches tordues et rugueuses.

Un bananier (*Musa* sp.) occupe l'encoignure à droite de la murale. Sa forme particulière et ses feuilles luisantes viennent strier le mur de larges traits verdâtres. Outre sa nature tropicale, le bananier possède une signification particulière. Il renvoie à l'image de ce pauvre lettré qui, raconte-t-on, dut un jour utiliser une feuille de bananier pour écrire. On attribue depuis au bananier le titre d'arbre du développement personnel. De plus, pour les Chinois, il détient une connotation poétique en raison du bruit doux, sourd et mélancolique que fait la pluie en tombant sur ses grandes feuilles. Malgré la place de choix qu'il occupe dans un jardin chinois… il doit, sous nos latitudes, retourner passer l'hiver dans les serres chauffées.

Les larges feuilles du bananier et les minces tiges du bambou.

Un panda sculpté sur glace par les artisans de Harbin.

Près du bananier, se balancent des cannes de bambou. Les botanistes considèrent le bambou comme une graminée géante. Il plie sous le vent sans jamais casser, il fait donc preuve d'une grande souplesse. Il est le symbole confucéen du vrai gentilhomme. La tige du bambou est faite de sections ceinturées par des nœuds ; sa tige est creuse, sans cœur. Les feuilles sont étroites, délicates et très pointues. Il existe plus de mille espèces de bambous dont la taille varie de moins de 1 à 30 mètres (3 à 98 pi). Le bambou ne supportant pas les grands froids, celui-ci, passe l'hiver à l'abri dans une serre. On trouve dans cette cour, un bambou noir (*Phyllostachys nigra*) et une variété de bambous nains.

Les pousses de bambou entrent dans la composition des menus chinois et on reconnaît à certaines parties de la plante des vertus curatives. Le bambou est aussi la nourriture du panda, ce mammifère noir et blanc qui sert d'emblème à la Chine. Il est également très utilisé, à travers toute l'Asie, pour la fabrication d'une panoplie d'objets utiles à la vie quotidienne. Les sept édifices de ce jardin ont été érigés au moyen d'échafaudages de bambou à la fois légers et résistants.

Les herbacées, les plantes, les arbustes et les arbres de ce jardin proviennent, en grande partie, du Jardin botanique et de pépinières nord-américaines. Les spécialistes chinois ont choisi avec soin les essences de ce jardin. Ils ont examiné l'aspect particulier de chacun des spécimens, puis ils ont déterminé les sites de plantation. Ils ont bien sûr privilégié des espèces originaires de Chine ou d'Asie. Lorsque le climat rigoureux de Montréal ne permettait pas la croissance d'une de ces espèces, on lui substituait une espèce rustique qui devait répondre à des exigences précises quant à la forme, la hauteur, le port, la floraison ou la

couleur du feuillage à l'automne. Par exemple, dans la plate-bande rectangulaire face à la murale, un if (*Taxus x media* 'Halloriana') est venu remplacer le podocarpe initialement prévu.

En Chine, l'azalée (*Rhododendron* spp.) constitue avec la primevère et la gentiane l'une des « trois fleurs célèbres ». On qualifie l'azalée et le coucou de frère et de sœur, car en avril, l'oiseau émet son chant triste sur ses branches fleuries. On dénombre environ 800 espèces dans le monde, principalement originaires de la Chine. L'azalée se prête bien à la culture en pot, sous la forme de bonsaï ou penjing.

Des azalées.

Cette cour est percée de treize fenêtres dont quelques-unes offrent des paysages « empruntés » à l'extérieur. Le remplage qui orne chacune des fenêtres est différent. Fabriqués avec un type d'argile appelé « marne », certains de ces remplages forment des dessins géométriques uniquement décoratifs ; d'autres reproduisent des objets telles une fleur d'abricotier, une pièce de monnaie ancienne ou une pêche, symbole de longévité.

LA MURALE

Une murale de brique grise recouvre le mur de gauche. La sculpture sur argile a une histoire de plus de mille ans en Chine. Cette murale illustre des grues de Chine qui,

La fresque de la Cour d'entrée : les grues fraternisent.

Les fenêtres sculptées de la Cour d'entrée.

à travers les nuages, survolent les vagues de l'océan pour venir se poser sous les érables du Canada. Les grues couronnées, qui sont un symbole de longévité et de bonheur, apportent un message d'amitié de la Chine. Les quatre caractères calligraphiés au-dessus d'elles se lisent *he wu feng yin,* ce qui signifie « les grues dansent à l'ombre des érables ». Les caractères dans le coin gauche de la fresque indiquent le lieu de fabrication : Shanghai, Chine.

Avant de quitter cette cour, remarquez le travail méticuleux de la mosaïque de pavement. Elle est fabriquée à la main et combine avec minutie galets polis, pierres concassées et fragments de tuiles d'argile. Vous rencontrerez plus loin des mosaïques aux motifs différents.

LA PORTE EN FORME DE LUNE

Une porte ronde vient briser la linéarité de la cour rectangulaire. Elle dirige le regard sur ce qui suivra. Ce type d'ouverture est très répandu en Chine, on l'appelle la « porte en forme de lune ». La porte en forme de lune symbolise la perfection et l'union de la famille ; elle est aussi un symbole d'abondance. D'ailleurs la fête de la lune, le quinzième jour du huitième mois du calendrier lunaire, est très importante en Chine. Au-dessus de

La Porte en forme de lune.

la porte, on remarque deux mots *ru sheng*, se traduisant par « fortement saisie ». Tirés d'une expression chinoise énonçant que « l'attention est fortement saisie », ces deux mots annoncent l'émerveillement du visiteur devant la beauté du paysage qui s'offre à lui lorsqu'il franchit cette porte.

LE PONT EN ZIGZAG

En traversant la porte en forme de lune, on découvre une vue plus générale où l'architecture imposante et particulière des constructions se détache d'un aménagement paysager asymétrique. Des arbres sont répartis de façon éparse. Des massifs de plantes émergent de manière irrégulière. Un pont en granit enjambe un bras d'eau sinueux qui forme l'Étang aux lotus. À droite, se trouve une construction appelée « Le Bateau de pierre » que nous visiterons plus tard.

Des fleurs de catalpa.

Des marguerites d'Eurasie.

Avant de franchir ce pont dont la forme en zigzag vise à dérouter les mauvais esprits… qui, comme chacun sait, circulent toujours en ligne droite, remarquez, à gauche, un catalpa de Chine (*Catalpa ovata*) derrière un noyer de Mandchourie (*Juglans mandshurica*). Le catalpa est largement utilisé comme plante d'ombrage. Il est apprécié pour ses grandes feuilles et ses grappes de fleurs parfumées blanc-crème, finement bariolées d'orange et tachetées de pourpre. En Chine, son bois servait notamment à la fabrication d'instruments de musique et de pièces de jeux d'échecs.

À gauche du pont en zigzag, au pied d'un pin sylvestre, poussent des marguerites (*Leucanthemum vulgare*), originaires d'Eurasie, mais naturalisées en Amérique du Nord.

Un chrysanthème (*Dendranthema x grandiflorum*), originaire de Chine, a donné naissance aux cultivars à grandes fleurs que nous retrouvons aujourd'hui. De nombreux jardins botaniques à travers le monde entier s'adonnent à la culture de cet hybride et organisent, d'octobre à décembre, d'éclatantes expositions. En 1989, le Jardin botanique de Montréal a fait l'acquisition d'une exceptionnelle collection de chrysanthèmes provenant du Jardin botanique de Shanghai. Utilisé autrefois comme plante médicinale, le chrysanthème est surtout apprécié de nos jours pour sa valeur ornementale et pour son parfum qui sert à aromatiser certains thés.

LE PAVILLON DE L'AMITIÉ

Vous voici devant la construction la plus importante de ce jardin : le Pavillon de l'amitié. Les caractères sur la plaque au-dessus des portes se lisent *qin yi tang*, ce qui signifie littéralement « salle de l'amitié profonde ». Dans la plate-bande devant ce pavillon se trouvent : des hibiscus, des podocarpes de Chine (*Podocarpus macrophyllus*), des conifères à feuillage persistant que les Chinois appellent « pins des bouddhistes », et deux autres plantes à fleurs très chères aux Chinois, les pivoines arbustives et les osmanthes.

La pivoine arbustive, reine des fleurs.

La pivoine arbustive (*Pæonia suffruticosa*) est originaire de Chine. Elle incarne l'aristocratie, la richesse et le rang élevé. C'est la reine des fleurs, elle représente la beauté féminine et, paradoxalement, le *yang*, le principe masculin. Elle pourrait être dans l'histoire l'une des premières plantes cultivées uniquement pour ses qualités ornementales. D'abord

沁誼堂

réservée à l'empereur, puis aux classes les plus riches, sa culture s'est ensuite répandue à travers toute la Chine. En découvrant les pivoines chinoises à la fin du XIIIe siècle, Marco Polo les a qualifiées de « roses, grosses comme des choux ». Son écorce et ses racines servent en médecine. Ce parterre de pivoines se couvre de fleurs habituellement au mois de juin.

L'osmanthe odorant (*Osmanthus fragrans*) évoque l'automne, saison de sa floraison. On la dit princière, élégante et éternelle. On l'associe aussi à la Lune où, selon une légende, un lièvre préparerait l'élixir de vie à l'ombre de son feuillage. Les fleurs d'un blanc crème, dont l'odeur tenace et suave s'apparente à celle du jasmin, servent à la confection de divers produits : thé, vin, médicament et parfum. En raison du climat, l'osmanthe doit passer l'hiver en serre froide.

LES DRAGONS DES MERS

Avant de pénétrer dans le Pavillon de l'amitié, remarquez le faîteau qui couronne le toit. Il comporte, à chaque extrémité, un dragon : sa gueule ouverte semble mordre dans la faîtière, et son corps se termine par une queue de poisson qui se dresse à dix mètres dans le ciel. Ces animaux fabuleux sont composés de pièces d'argile façonnées à la main, évidées, puis cuites. Il a été fabriqué en Chine d'après un dessin original.

Vous pouvez découvrir des centaines de petits dragons dans ce jardin ! Regardez en effet le bout des tuiles à la base du toit, vous verrez que chaque rangée de tuiles se termine par une sorte de disque sur lequel est dessiné un dragon. La même figure est reproduite sur les

Tuile au motif de dragon, un des symboles du *yang*.

Des pervenches de Madagascar devant le Pavillon de l'amitié.

Dragon sur le toit du Pavillon de l'amitié

toits de toutes les constructions de ce jardin ainsi qu'au bout des tuiles qui recouvrent les murs. Vous avez peut-être remarqué ce dragon au haut des murs de la Cour d'entrée. Ici, il est possible de l'observer de près en s'approchant du mur blanc à gauche de l'entrée du Pavillon de l'amitié. Ce mur donne sur la Cour du printemps que nous visiterons plus loin.

Ce petit dragon symbolise l'empereur et la force mâle, le *yang*. Tout juste sous le disque se trouve une autre pièce, ayant la forme d'un croissant, garnie elle aussi d'un dessin : le phénix. Le phénix est un oiseau mythique vivant au paradis. Il ne faut pas le confondre avec l'oiseau sacré de la mythologie égyptienne qui se consume et renaît de ses cendres. Le phénix chinois, le *fenghuang*, symbolise la grâce féminine, l'amour, la paix, l'harmonie et la vertu de l'impératrice. Il représente l'impératrice et le principe femelle, le *yin*.

Tuile au motif de phénix, un des symboles du *yin*.

Le Pavillon de l'amitié est la construction la plus volumineuse et le point central du Jardin du Lac de rêve qui comporte six autres pavillons. Il est possible qu'on en ajoute d'autres pour en parfaire l'ensemble, comme ce fut souvent le cas dans l'histoire des jardins classiques. Un jardin de ce type est impensable sans la

présence de plusieurs abris. Les constructeurs d'autrefois préféraient en effet bâtir plusieurs maisonnettes séparées au lieu de regrouper en une seule maison les installations pouvant satisfaire leurs besoins ou leurs goûts. C'était un lieu habité, une manière de vivre, où on pouvait recevoir ses amis ou, à l'occasion, loger un peintre. D'ailleurs, selon l'expression chinoise, on ne « plante » pas un jardin, on le « construit ».

Le Pavillon de l'amitié est représentatif de l'architecture de l'époque Ming qui allie robustesse et élégance. Cette bâtisse de quelque 100 mètres carrés (1 076 pi^2) est surmontée d'une toiture imposante dont la masse est allégée par la structure de bois vitrée de toutes parts, par la galerie qui en fait le tour et, surtout, par la cambrure si distinctive des extrémités du toit. Ce pavillon doit dominer sans écraser. Ces pointes uniques qui se tournent vers le ciel et s'éloignent de la base réussissent à produire un effet visuel de légèreté et de stabilité. Typique de l'architecture chinoise, les toits et avant-toits en encorbellement protègent de la pluie ou des rayons du soleil et laissent pénétrer quantité de lumière à l'intérieur du pavillon.

Le toit se compose de tuiles d'argile cuites et traitées à l'oxyde de fer afin de les durcir. Une première épaisseur de tuiles plates est posée sur les chevrons. De l'intérieur, dans le comble du toit, il est possible de voir le carrelage formé par ces tuiles entre les chevrons. Ensuite, les tuiles sont recouvertes d'un treillis métallique et d'une couche de mortier sur laquelle est appliquée une seconde épaisseur de tuiles. Ces tuiles de finition sont, en alternance, bombées ou creuses. Elles se chevauchent de façon à former entre elles un canal pour l'évacuation de l'eau de pluie. De loin, elles paraissent

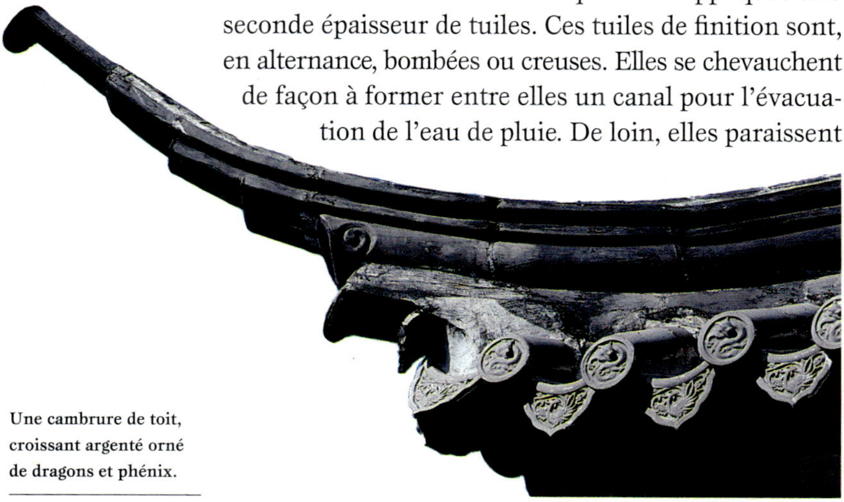

Une cambrure de toit, croissant argenté orné de dragons et phénix.

Une arêtière surmontée d'un lion sur le toit du Pavillon de l'amitié.

Des fleurs de maronnier au pourtour du Jardin de Chine.

presque cylindriques, d'autant qu'elles se terminent par cette décoration circulaire où apparaît un dragon. La faîtière comporte une rangée de blocs décoratifs ajourés qui se termine dans la gueule de chacun des deux dragons à queue de poisson. Visibles à distance, quatre petites figurines en forme de lion, une à chaque coin, surmontent les arêtières qui dominent l'avant-toit.

Le poids considérable de cette toiture repose sur une charpente peu commune. En tournant la tête vers le comble, on peut examiner l'assemblage de poutres horizontales nécessaire pour supporter ce poids. Certaines ont été sculptées de motifs floraux avant d'être hissées en place. Le jeu des poutres maîtresses longitudinales et des poutres secondaires transversales répartit les poids dans les deux sens. Il y a des siècles que les Chinois maîtrisent les proportions, le transfert des charges et la disposition des poutres propres à ce style d'architecture. C'est cette combinaison de poutres et de poutrelles superposées qui permet de construire ces coins recourbés qui s'avancent loin en porte-à-faux. Le bois de ces poutres provient d'un arbre de la famille des Pinacées, le *Pseudotsuga menziesii*, une espèce nord-américaine que l'on nomme communément « sapin de Douglas ».

Le poids des poutres est à son tour transmis aux colonnes. Le Pavillon de l'amitié comprend 36 colonnes, dont 20 colonnes extérieures qui entourent la galerie et supportent l'avant-toit. Ces colonnes sont en *Cunninghamia lanceolata,* un conifère de Chine de la famille des Taxodiacées à laquelle appartient aussi le séquoia. Les billes ont d'abord été dégrossies et façonnées à la main selon un gabarit de référence. Elles ont ensuite été enveloppées sur toute leur longueur d'un bandage de jute fortement serré et ont été enduites d'un goudron épais. Après quelque temps, elles ont été recouvertes d'une autre couche de goudron, puis entourées d'un deuxième

bandage de jute. Avant le séchage complet, une dernière couche d'enduit de finition a été appliquée, finalement, le tout a été poncé et peint. Ce traitement qui scelle le bois dans le but de le préserver, donne un fini dur et parfaitement lisse.

Les colonnes, en tenant compte de l'épaisseur des poutres qu'elles soutiennent, offrent un dégagement de près de 4,5 mètres (15 pi) pour la galerie et de plus de 5 mètres (16 pi) sur le mur de la façade et celui de la terrasse. Dans l'axe longitudinal, formé par les quatre colonnes centrales et les quatre colonnes latérales, la hauteur atteint, toujours en ajoutant la valeur des poutres, près de 6,5 mètres (21 pi). La base est fichée dans un cylindre d'acier entouré d'un sabot de granit tandis que le chapiteau comporte des entailles dans lesquelles viennent s'emboîter les poutres porteuses horizontales. En fait, les pièces maîtresses de la charpente sont assemblées selon les techniques anciennes de jointage avec, au besoin, une cheville de bois pour assurer le tout : joints à encoche, à recouvrement, à tenon et mortaise dont la saillie d'une pièce s'imbrique parfaitement dans la cavité d'une autre pièce.

Ferrures de porte, sculptées en laiton.

Une des fenêtres du Pavillon de l'amitié.

Ces pièces de bois proviennent de Shanghai où elles ont été prédécoupées en atelier d'après les directives des architectes. Une fois expédiées à Montréal, les artisans terminaient et assemblaient les pièces en se conformant aux spécifications des plans et selon les règles ancestrales transmises de maître à apprenti.

L'ORIENTATION VERS LE SUD

Ce pavillon compte six portes étroites de plus de 3,5 mètres (12 pi) du côté de l'entrée, et autant du côté de la terrasse. Montées sans gonds, ces portes s'ouvrent grâce à des pivots de bois qui, à la base comme au sommet, tournent dans une cavité percée à cet effet dans le seuil et le linteau. Le reste de l'édifice est muni de grands panneaux vitrés découvrant les quatre points cardinaux et permettant de suivre la course du soleil. Ces panneaux sont garnis de treillis de bois qui, autrefois, aidaient à soutenir le papier ou les plaques de nacre translucides. Aujourd'hui, ils sont remplacés par des vitres.

Une impressionnante lanterne est suspendue au centre du pavillon. Cette lanterne en bois et en verre se pare de peintures d'oiseaux et de sculptures de dragons et de phénix. L'ameublement (tables, fauteuils et tabourets de bois) qui complète ce pavillon est à la fois sobre et raffiné. Cependant, il est souvent retiré pour laisser place aux vitrines et cimaises qui mettent en montre des objets ou œuvres d'art illustrant diverses facettes de la culture chinoise ancienne et contemporaine. Les expositions qui se renouvellent régulièrement présentent des objets artisanaux, des peintures, des photographies, des calligraphies, des lanternes, des monnaies anciennes, etc.

Sortez de ce pavillon par la porte opposée, celle qui donne sur une grande terrasse en pierre. Mais au moment de franchir la porte, n'oubliez pas les mauvais esprits ! Conformez-vous à la superstition chinoise qui recommande d'enjamber le seuil, car en y posant directement le pied, vous risquez d'attirer la malchance sur

La lanterne du Pavillon de l'amitié.

La frise de lauan sculpté du Pavillon de l'amitié

vous… Notez toutefois qu'à l'origine, les seuils surélevés avaient une fonction beaucoup plus utilitaire : celle de faire obstacle aux insectes ou aux petits animaux.

Une fois sur la terrasse, en vous retournant, vous pourrez remarquer que la galerie qui entoure le Pavillon de l'amitié est surmontée d'une frise ouvragée où alternent des motifs géométriques et des boiseries sculptées évoquant le lotus. Ces boiseries sont taillées dans un bois léger communément appelé « lauan » (*Shorea* sp.) qui appartient à la famille des Dipterocarpacées. Ce bois est utilisé à plusieurs endroits, notamment dans le treillis des fenêtres, les frises de la galerie de la Cour du printemps et les bancs des kiosques.

Une double calligraphie orne les colonnes donnant sur la terrasse. Chacune d'elles comporte sept caractères. Celle de droite se lit *bei xie yuan shan jian ji wang,* celle de gauche, *nan yuan chun se zhen xiang yi*. Ces inscriptions poétiques pourraient se traduire littéralement par : « le pavillon du nord et la montagne lontaine se regardent » et « le jardin du sud et les couleurs printanières s'harmonisent ».

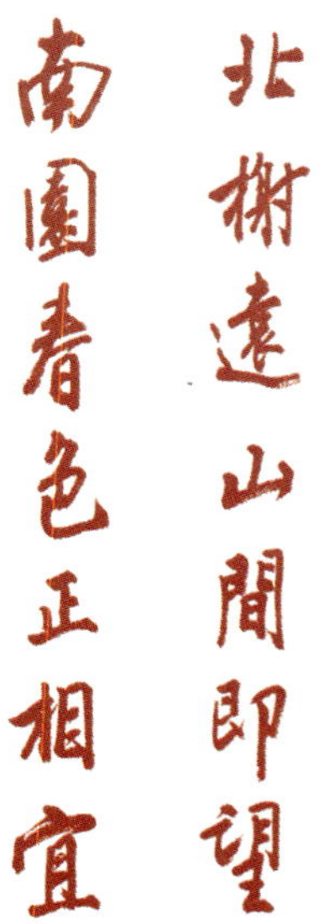

Comme il se doit, l'entrée du Pavillon de l'amitié est orientée vers le sud, car, selon les règles très anciennes du *fengshui,* une bâtisse qui tourne le dos au soleil risque de subir des influences défavorables et d'attirer la malchance sur ses occupants. Le *fengshui* consiste à déterminer si un site est propice ou non et à orienter les constructions qui seront érigées sur ce site en fonction des courants les plus favorables. Cette pratique étudie la configuration d'un terrain, la direction des vents et de l'écoulement des eaux. Elle tient de la géomancie et des superstitions populaires selon lesquelles il importe de choisir un site de construction de manière à retenir le souffle, le *qi*, et à éloigner les mauvais esprits. Autrefois, les règles du *fengshui* s'appliquaient lors de la construction de tous les types d'habitations et même des jardins. Le choix de l'emplacement d'une tombe, vu l'importance octroyée aux ancêtres dans la famille chinoise, était également une action confiée à un géomancien.

La terrasse du Pavillon de l'amitié dévoile le paysage majeur de ce jardin : la montagne qui se dresse au-dessus du Lac de rêve. Paysage enchanteur qui évoque les longues nappes de brume matinale sur le lac et dont les nuages, à la tombée du jour, tournent au rouge lorsque le soleil descend derrière la montagne. Le terme

La chute, un des symboles du *yin*.

chinois signifiant « paysage », *shanshui,* est en fait formé par la juxtaposition de deux mots : montagne et eau. La montagne et l'eau sont en effet indispensables à un jardin chinois. Ici, la réunion de ces deux éléments compose un tableau parfait qui crée merveilleusement l'atmosphère.

La chute qui dévale du sommet met en évidence la pierre jaune et anguleuse et semble accroître l'élévation

Le nénuphar, joyau des eaux.

de cette montagne de 9 mètres (30 pi). Le regard est aussi attiré par la tour hexagonale de 14 mètres (46 pi) à double étage et toiture. Légèrement décentrée par rapport au Pavillon de l'amitié, cette tour porte le nom de « Pavillon où se figent les nuages empourprés » que nous verrons un peu plus loin. Elle se reflète dans le lac parsemé de nénuphars (*Nymphæa* cv.). Du Pavillon de l'amitié, on se rend à la Cour du printemps par le sentier qui y mène.

LA COUR DU PRINTEMPS

Ce sentier est bordé, à droite, par diverses espèces d'iris dont l'iris de Sibérie (*Iris sibirica*) qui s'avancent vers le lac et par un cerisier des Kouriles (*Prunus nipponica* var. *kurilensis*). Celui-ci a été choisi parce qu'il fait penser à l'abricotier du Japon (*Prunus mume*), arbre que les architectes paysagistes chinois avaient initialement prévu. On l'a substitué à l'abricotier, car il possède la caractéristique de fleurir très tôt tout en ayant la rusticité nécessaire pour résister sous nos latitudes. L'abricotier symbolise le printemps, le renouveau, l'espoir. Il représente aussi la pureté et la noblesse. Il est, avec le pin et le bambou, un des trois amis de l'hiver. Dans le nord et le centre de la Chine, l'abricotier est l'une des premières plantes à fleurir, parfois dès février ; c'est

Fleurs et grappes de fleurs du cerisier des Kouriles.

pourquoi sa fleur est appréciée de tous et constitue un des thèmes favoris des peintres et des poètes.

Dans le langage courant, l'abricotier est parfois confondu avec le prunier, car ces deux espèces appartiennent au même genre botanique dont le nom latin, *prunus,* peut être traduit de manière impropre. On trouve dans ce jardin plusieurs espèces voisines : l'abricotier (*Prunus armeniaca, Prunus mume*) ; le pêcher (*Prunus persica*) ; le cerisier (*Prunus virginiana, Prunus tomentosa, Prunus x cistena, Prunus nipponica* var. *kurilensis*) ; le prunier (*Prunus americana*) ; l'amandier à fleurs (*Prunus triloba, Prunus glandulosa* 'Sinensis').

Le mur de gauche forme écran, il pique la curiosité et nous incite à poursuivre l'exploration jusqu'à la Cour du printemps. Ce mur possède un design particulier : il est ondulé. Certains y voient la forme des nuages ; d'autres le dos onduleux d'un dragon. Ce mur s'ouvre sur une porte à quatre lobes qui symbolise la fleur de l'abricotier.

La Cour du printemps.

熙春院

Les trois caractères au-dessus de la porte en forme de fleur d'abricotier se prononcent *xi chun yuan,* c'est-à-dire « cour du doux printemps ». La Cour du printemps renferme une partie de la collection de penjings du Jardin botanique. Ici sont exposés les arbres en pot et les paysages miniaturisés que les Chinois désignent sous le nom de *penjings* et que les Japonais nomment *bonsaïs*. Le Jardin botanique compte trois endroits où il est possible d'admirer ces arbres âgés, mais exceptionnellement petits : dans cette cour du Jardin de Chine ainsi qu'au Pavillon japonais, de la mi-mai à la mi-octobre, et, à longueur d'année, dans le Jardin céleste, situé dans l'une des serres d'exposition.

Le Jardin botanique de Montréal possède une impressionnante collection d'arbres nains. Cette collection s'est considérablement enrichie depuis la tenue, à Montréal, des Floralies internationales de1980. Cette exposition horticole de grande envergure, à laquelle participèrent une vingtaine de pays, se déroulait alors pour la première fois sur le continent américain et le Jardin botanique de Montréal en était le maître d'œuvre. À cette occasion, la Ville de Shanghai offrit à la ville hôte une collection de plus de 350 penjings. Le Jardin botanique fit également l'acquisition, à la même époque, d'arbres miniatures provenant du Japon. Puis, en 1984, vinrent s'ajouter 47 penjings, un don provenant de la collection d'un riche banquier de Hong Kong, M. Wu

盆景

Ce podocarpe est un penjing ou arbre nanifié.

Yeesun. Par la suite, M. Wu et le Jardin botanique de la Ville de Shanghai offrirent d'autres spécimens. Aujourd'hui, la collection de penjings et de bonsaïs du Jardin botanique est l'une des plus prestigieuses, des plus complètes et des plus diversifiées en Occident.

Un bouquet de pivoines arbustives.

Les penjings sont des arbres dont on contrôle la croissance au moyen de diverses techniques de taille. Il s'agit de véritables pins, érables, théiers, sageretias ou arbres fruitiers, bref des espèces communes, dont la hauteur varie entre 10 et 150 centimètres (4 et 59 po) bien qu'ils soient âgés de 30, 50 ou 60 ans. Certains spécimens sont même centenaires, tels un orme de Chine, un ginkgo et un podocarpe de Chine, surnommé « pin des bouddhistes ».

Les arbres nanifiés sont des phénomènes qui existent dans la nature. Il est possible en effet d'y observer des arbres qui, en raison de conditions extrêmement sévères, n'ont pu croître de façon normale. Des arbres parviennent, par exemple, à survivre au sommet de montagnes, mais en gardant une taille réduite à cause des vents violents ; ou encore, de jeunes plants réussissent à s'enraciner dans les interstices d'un rocher avec pour tout support une poignée de terre pauvre, ce qui ralentit leur croissance.

Ces arbres marqués par les rigueurs du temps servirent de modèle à la culture d'arbres en pot.

Le monde minéral incorporé à un penjing peut se limiter à une simple pierre, mais il peut aussi, comme dans certains paysages miniatures, dominer largement le monde végétal. En ayant recours à des pierres anguleuses, volumineuses, le penjing reproduit, à échelle réduite, une formation rocheuse, laquelle baignera parfois dans l'eau d'un bac, évoquant ainsi la mer. Les pierres représentent alors, toutes proportions gardées, des massifs, des falaises, des pics qui font paraître minuscule la végétation environnante, comme cela se produit, à l'occasion, dans les paysages grandioses à l'état naturel. Un de ces paysages miniatures est monté sur un énorme socle devant la porte en forme de fleur d'abricotier. Ses pierres proviennent de la province côtière du Zhejiang tout juste au sud de Shanghai. Un second paysage est placé tout au fond, à gauche ; celui-ci se compose de pierres extraites de la province du Guangdong dont la capitale est Guangzhou (Canton).

Une galerie zigzagante vous conduira à un pavillon qui n'est accessible que depuis la Cour du printemps.

LE PAVILLON DES LOTUS

盆區

芙蓉榭

Sur le panneau au-dessus de l'entrée du Pavillon des lotus sont inscrits deux caractères, *pen qu,* signifiant que l'espace extérieur est consacré aux penjings. À l'intérieur toutefois, une autre inscription, *fu rong xie,* indique que ce pavillon d'eau est aussi associé aux lotus, car ses fenêtres s'ouvrent, à gauche, sur l'Étang des lotus. Le Pavillon des lotus renferme des arrangements de fleurs coupées ou de plantes séchées ainsi que des penjings dont certains, si petits, pourraient tenir dans le creux de la main.

Les lotus, cousins des nénuphars.

Le lotus (*Nelumbo nucifera*) est une plante aquatique chargée d'une forte connotation religieuse. En Inde, le lotus sacré est un des principaux symboles de l'hindouisme ; ailleurs en Asie, sa fleur est associée au bouddhisme, ce qui lui a valu d'être l'objet

Le Pavillon des lotus.

d'une grande considération. On l'appelle parfois « fleur de Bouddha », car celui-ci est très souvent représenté assis sur un trône formé de fleurs de lotus. Le lotus symbolise la pureté parce que sa fleur émerge intacte de l'eau boueuse où elle prend racine. Pour le bouddhiste, la fleur de lotus symbolise l'âme qui lutte contre le monde matériel (la boue) et les émotions (l'eau) pour trouver la lumière. Le lotus est aussi un modèle confucéen pour l'homme supérieur. Cette fleur ornementale dotée de valeurs spirituelles est aussi des plus utiles ; on consomme son fruit, ses racines et ses feuilles.

Le lotus se distingue par de grandes feuilles épaisses et peltées, presque parfaitement rondes, dont certaines flottent sur l'eau alors que d'autres se déroulent au-dessus de l'eau. La fleur s'épanouit sur un pédoncule à plusieurs centimètres au-dessus de l'eau. La fleur du lotus qui est blanche, rose ou rouge, selon les variétés, est cependant éphémère et se flétrit après seulement quelques jours. Les lotus fleurissent assez tardivement : à la fin août pour les plants qui restent dans cet étang tout au long de l'hiver, un peu plus tôt pour les plants qui sont immergés dans le bassin des plantes aquatiques près de la roseraie.

UN LABYRINTHE

Tout comme dans la Cour d'entrée, les concepteurs ont ici adopté le concept du cloisonnement. De l'extérieur, les murs éveillent un certain sentiment de mystère ; à l'intérieur, ils composent un lieu isolé, intime, comme une cellule. Cette cour murée, qui met en valeur les penjings, crée un jardin à l'intérieur du jardin et donne ainsi l'impression d'agrandir l'espace. Le labyrinthe des corridors redécoupe à son tour cet espace, il contribue lui aussi à fausser la perception spatiale en éloignant le point à atteindre.

En suivant les sinuosités de la pergola à laquelle s'agrippe la glycine de Chine et la glycine du Japon (*Wisteria sinensis, Wisteria floribunda*), une plante grimpante aux fleurs très odorantes, vous aboutirez devant trois longues pierres. Elle se dressent comme des stalagmites dans la plate-bande à gauche de la sortie menant au Pavillon du jardinier. Ces pierres calcaires alvéolées et érodées proviennent de la province du Jiangsu. Les Chinois les comparent à des « tiges de bambou minérales », mais il ne s'agit pas d'arbres pétrifiés. Près de là, devant un bananier, se trouve une plante que

Des rhododendrons aux couleurs vives.

les Chinois surnomment « bambou céleste », il s'agit de nandina (*Nandina domestica*).

Le dallage de la galerie est en marne, alors que le sol est recouvert d'un pavement de mosaïque constitué de pierres assemblées à la main reproduisant les quatre lobes de la fleur de l'abricotier.

Il faut emprunter la porte en forme de fleur d'abricotier pour aller vers le Kiosque de l'ombre verte au haut d'un sentier en surplomb.

LE KIOSQUE DE L'OMBRE VERTE

亭 蔭 綠

Perché sur une petite colline, le Kiosque de l'ombre verte, *lu yin ting,* est un endroit qui incite à la rêverie et à la contemplation. Il offre un toit pour se protéger du soleil ou de la pluie, mais reste ouvert sur la nature qui l'entoure. Sa position surélevée permet d'observer le jardin et de ressentir la sérénité qui s'en dégage. Ce type de construction est destiné au repos, il sert d'étape au cours d'une promenade. En chinois, on le nomme *ting,* mot qui signifie « arrêt ».

亭

En prenant une pause sur ce belvédère, vous constaterez que la forme de chaque pavillon diffère, mais que l'ensemble présente une grande unité architecturale. La densité de construction reste assez faible pour un jardin de ce type, ce qui résulte en un aménagement aéré, dégagé. La disposition de tous les éléments – la montagne, le lac, les pavillons, les bouquets de verdure – est si bien agencée qu'on ne saurait comment déplacer l'un ou l'autre sans briser l'ensemble.

Des corêtes du Japon (roses) égaient le Jardin de Chine au bas du Kiosque de l'ombre verte.

Les concepteurs chinois ont atteint leur but. Par le jeu des contrastes entre la surface plane du lac et la déclivité de la montagne, par l'asymétrie du plan d'eau, des sentiers et des constructions, et par les écrans visuels qui faussent les perspectives, ils ont composé un tableau typique, harmonieux et saisissant. Ils ont réussi à créer un paysage qui semble naturel, sauvage, et non pas factice.

Le Kiosque de l'ombre verte.

En bordure du sentier menant à ce kiosque, légèrement sur la droite, les branches d'un mûrier blanc pleureur (*Morus alba* 'Pendula') se courbent vers le sol. Il produit en été de grosses baies noires que les oiseaux adorent. En Chine, ce ne sont pas les fruits, mais plutôt les feuilles qui servent de nourriture… On les utilise pour nourrir les larves du *Bombyx mori*, le vers à soie. Des quantités considérables de feuilles de mûriers sont en effet grignotées par les vers à soie qui préparent le cocon dans lequel ils passeront de l'état de chrysalide à celui de papillon. L'insecte sécrète un fil qu'il entortille en cocon ; après avoir trempé ce cocon dans l'eau chaude, les sériciculteurs le dérouleront en un long fil qui servira à fabriquer les tissus de soie.

Les colonnes de ce kiosque portent deux vers calligraphiés. Celui du côté de la montagne se lit *luan qing liu qian zai*, l'autre, à gauche, *zhen xin bi song feng*. Le premier fait allusion au cœur fidèle d'une femme et l'associe au pin et à l'érable ; le second affirme que l'amour de l'homme dure mille ans.

鸞情留千載

貞心比松風

LA DÉSIGNATION POÉTIQUE DES LIEUX

Des hibiscus rose et blanc.

Dans le grand roman *Honglou meng* ou « Le rêve du Pavillon rouge », écrit par Cao Xueqin au XVIIIe siècle, les personnages passent beaucoup de temps à choisir l'expression juste qui désignera les sites du jardin privé d'une riche famille. La désignation des lieux a aussi donné lieu à un long exercice au Jardin du Lac de rêve. Ce n'est pas sans raison que les Chinois apportent un grand soin à composer ces poèmes qui ornent la devanture de plusieurs constructions, ni qu'ils accordent tant d'importance à coiffer d'un nom judicieux un lieu, un pavillon.

L'appellation peut faire référence aux œuvres de poètes et d'écrivains réputés. On accroît alors la qualité d'un jardin en l'associant à la littérature et à la notoriété. Grâce à ces connotations, le visiteur chinois peut se remémorer les atmosphères et les sentiments décrits dans ces œuvres. Tout comme la peinture a inspiré l'aménagement des jardins, la tradition littéraire chinoise vient à son tour enrichir l'expérience du promeneur par le biais de la métaphore et de l'allusion.

Une expression courte, mais forte et imagée, est aussi souvent employée. Elle fera naître une représentation mentale qui s'ajoutera à l'image perçue par l'œil du visiteur. Les noms poétiques accrochés aux linteaux et les distiques lyriques qui parent les colonnes veulent élargir la signification première et renforcer la valeur artistique d'un lieu. En évoquant l'ombre verte, les nuages empourprés, l'amitié profonde, le doux printemps ou le lac de rêve, les interprétations se multiplient, l'imagination est entraînée un peu plus loin. Une formulation éloquente dégagera une vision nouvelle, intense et riche en signification.

Chacun des deux vers d'un poème se compose du même nombre de caractères sur chacune des colonnes, il s'agit souvent de deux groupes de cinq ou de sept caractères. En outre, ces caractères ayant été tracés par la main de calligraphes, l'effet visuel s'en trouve accru.

À la sortie du kiosque, en longeant le Lac de rêve, on arrive à la Montagne de pierre.

LA MONTAGNE DE PIERRE

Des sentiers secondaires escaladent la montagne. On les emprunte pour visiter la grotte et profiter de la vue depuis le promontoire : derrière la montagne de pierre, le jardin alpin et, devant, le Pavillon de l'amitié avec, en arrière plan, la tour inclinée, de 175 mètres (574 pi), du Stade olympique. Derrière la montagne, on trouve principalement des érables à sucre (*Acer saccharum*) avec, à leur pied, des hostas (*Hosta sieboldiana*), des pins blancs (*Pinus strobus*), des dicentres ou cœurs saignants (*Dicentra spectabilis*), des astilbes de Corée (*Astilbe koreana*) et des euphorbes (*Euphorbia* sp.).

La Montagne de pierre.

De superbes azalées ; l'azalée est une des trois fleurs célèbres de la Chine.

Devant la montagne, bordant le sentier, se succèdent les massifs de chrysanthèmes (*Dendranthema yezoense* 'Red Chimo'), de bergénias (*Bergenia* 'Sunningdale'), de corêtes du Japon (*Kerria japonica*), de forsythies (*Forsythia suspensa*) et d'asters (*Aster novi-belgii* 'Violet Carpet'). Du printemps à la fin de l'automne, tour à tour, chacune de ces espèces se distinguera par la forme et la coloration de son feuillage ou de ses fleurs.

Le promeneur qui aborde la Montagne de pierre a l'impression de s'aventurer dans une véritable montagne ; il peut vraiment entrer en contact avec la montagne : il a le loisir de gravir les escaliers de pierre qui mènent au promontoire d'observation. Pendant son escalade, il contourne des obstacles, il s'enfonce entre des parois rocheuses, il franchit le torrent alimenté par la chute. Il peut même pousser l'expérience jusqu'à pénétrer dans une véritable grotte. Les sentiers sinueux semblent amplifier l'élévation et dévoilent des points de vue inattendus. Le sommet offre une magnifique vue d'ensemble sur le jardin chinois et le site qui l'entoure, mais, les murs préservent les secrets de la Cour d'entrée et de la Cour du printemps.

La montagne a aussi pour fonction de cloisonner un des côtés du jardin et d'enrichir la composition

verticale. La hauteur de la montagne doit être proportionnée aux autres éléments du jardin afin d'obtenir un ensemble équilibré. Selon le concepteur du jardin chinois de Montréal, M. Le Weizhong, c'est la distance entre le point d'observation (la terrasse du Pavillon de l'amitié) et l'objet observé (la montagne) qui détermine la hauteur de ce dernier. L'expérience des jardins chinois indiquant que le rapport idéal se situe autour d'un pour quatre ou d'un pour cinq, M. Le a établi que l'élévation rocheuse devait être de 9 mètres (30 pi).

Le sentier qui passe au pied de la chute, flanquée de deux pins gris, permet de rejoindre une tour à double corniche.

LE PAVILLON OÙ SE FIGENT LES NUAGES EMPOURPRÉS

Et cette tour, c'est Le Pavillon où se figent les nuages empourprés, *ning xia ge*, gardé, à gauche, par un majestueux pin noir d'Autriche (*Pinus nigra*) et, à droite, par des pommetiers (*Malus* cv.) et un érable de Mandchourie (*Acer mandshuricum*), arbre rare dont le Jardin botanique ne possède qu'un spécimen.

Cette tour, qui se reflète dans le lac parsemé de nénuphars (*Nymphœa* cv.), ressemble à une pagode, type de construction représentatif de l'architecture chinoise qui tire pourtant son origine de la stûpa de tradition indienne. La stûpa est un monument en forme de cloche qui renferme des reliques ou des textes

Le Pavillon où se figent les nuages empourprés.

bouddhiques sacrés. En sol chinois, l'architecture de la stûpa s'est peu à peu transformée bien qu'elle ait longtemps conservé sa vocation religieuse. En bois ou en brique, les pagodes anciennes ont souvent une forme carrée, hexagonale ou octogonale. Percée de fenêtres et ornée de pierre taillée ou de boiseries, la pagode chinoise peut comporter plusieurs étages et posséder à chaque niveau un demi-toit aux pointes élancées.

Devant la tour, sont plantés : un pin de montagne (*Pinus mugo*), au port plutôt étalé ; des fustets, appelés aussi « arbres à fumée » (*Cotinus coggygria* 'Purpureus'), arbustes à feuillage pourpre ; des penstémons (*Penstemon pallidus*) ; et, des heuchères (*Heuchera micrantha* var. *diversifolia* 'Palace Purple') aux grosses feuilles très apparentes alors que vers la droite se trouve une autre heuchère (*Heuchera x brizoides* 'Bressingham Hybrids') choisie non pour ses feuilles, mais pour ses fleurs rouges. Enfin, parmi les phlox vivaces, se démarquent les *Phlox x procumbens* 'Rosea' qui forment un tapis magenta très voyant au début de l'été.

Le Pavillon où se figent les nuages empourprés est habituellement fermé au public ; on y donne, entre autres, des cours de peinture et de calligraphie chinoises. Les deux panneaux de cinq caractères qui ornent les colonnes se lisent comme suit : à droite, *jiang shan deng qi xiang* et, à gauche, *yun xia cheng ban lu*. Le sens de ce poème pourrait se traduire ainsi dans le contexte du Jardin de Chine : « Quand s'empourprent les nuages, le temps clair baignera le lac et la montagne. »

江山澄氣象
雲霞成伴侶

En complétant le tour du lac, vous verrez, entre autres, un amandier à fleurs (*Prunus glandulosa* 'Sinensis'), des pêchers (*Prunus persica*), des pommetiers (*Malus* cv.), un prunier (*Prunus americana*) et un cerisier pourpre des sables (*Prunus x cistena*). Vous dépasserez un premier sentier, à droite, qui mène au Kiosque de la douceur infinie, puis un second, à gauche, qui conduit à la roseraie et au Jardin japonais. Une petite plate-bande de lin vivace (*Linum perenne*) aux délicates fleurs bleues se trouve à l'intersection de ce second sentier. Faites quelques pas dans cette direction pour découvrir, du côté gauche, au-delà des minuscules fleurs de myosotis, les ginkgos, ces arbres aux propriétés exceptionnelles, qu'on dit défier le temps.

Remarquez les feuilles particulières d'un ginkgo (*Ginkgo biloba*). Assez épaisses et cunéiformes, elles se divisent presque en deux lobes chez les jeunes arbres et

Les phlox forment un tapis magenta.

prennent la forme d'un éventail chez les sujets adultes. À l'automne, elles deviennent d'un jaune éclatant, ce qui ajoute à la qualité ornementale des arbres matures.

Autre point de l'itinéraire, le Kiosque de la douceur infinie, qui se trouve sur l'Île de Jade, une bande de terre séparant le Lac de rêve de l'Étang aux lotus.

On y accède en tournant à droite à l'intersection des sentiers après le Pavillon où se figent les nuages empourprés.

LE KIOSQUE DE LA DOUCEUR INFINIE

Devant le Kiosque de la douceur infinie veillent un pin gris (*Pinus banksiana*) et un saule pleureur (*Salix alba* 'Tristis') penché au-dessus du lac. Le pin est très apprécié des Chinois parce qu'il conserve sa couleur verte. Il représente la robustesse et le triomphe de la vertu ; il symbolise aussi la longévité. Le saule est associé à l'eau qui, à son tour, est associée à la femme. Les poètes comparent le port gracieux du saule et le mouvement de ses branches dans le vent à de jolies danseuses. Les bouddhistes quant à eux croient qu'Avalokitesvara, le dieu de la miséricorde, représenté en Chine et

Guanyin, déesse de la miséricorde, bronze doré
Période des Cinq Dynasties (907–960)

Le Kiosque de la douceur infinie.

au Japon sous les traits d'une femme, Guanyin, lance une eau purifiée et sacrée grâce à une branche de saule. Utilisé autrefois pour fabriquer des paniers et des cordages, le saule possède des propriétés médicinales et l'infusion de ses feuilles procure un substitut peu coûteux du thé.

Le petit pavillon hexagonal à demi caché porte le vocable de *yi mian ting*, le « Kiosque de la douceur infinie ». Cette désignation rappelle une œuvre très connue du grand poète Bai Juyi, *Changhen ge* ou « Le chant de l'éternel regret », composée au début du IXe siècle. L'auteur décrit le sentiment de mélancolie ressenti par un empereur devant le pavillon déserté par sa favorite, morte étranglée. Ce long poème relate l'histoire d'un empereur de la dynastie Tang qui, tombé follement amoureux d'une femme très belle, oublia tout des affaires de l'État. De graves révoltes éclatèrent dans le pays laissé à l'abandon, et cette femme fut tuée pour sauver le royaume. Mais son pavillon évoquait toujours pour l'empereur la douceur infinie qu'il y avait connue. Ce kiosque se situe sur une bande de terre qui sépare le Lac de rêve de l'Étang des lotus. L'ensemble compose un paysage intitulé « l'île de jade baignée par le vent ».

意绵亭

La position de ce kiosque offre un exemple de certains principes qui guident la construction d'un jardin chinois afin de réussir l'intégration de l'architecture à la nature. Il est près du Pavillon de l'amitié, mais en demeure séparé par un bras d'eau et le pont en dos d'âne. Il n'est pas non plus placé en évidence près du lac, mais situé un peu en retrait au détour d'un sentier sinueux. Il est visible de plusieurs angles, mais reste en partie caché par la végétation qui l'encercle. On a ainsi voulu créer un effet d'écran et donner une impression de distance. On aperçoit quelque chose qui est proche, mais on ne peut y arriver tout de suite. Ce n'est qu'en s'approchant que ce pavillon se dévoilera entièrement.

Pour compléter la visite du Jardin du Lac de rêve, dirigez-vous vers le pavillon surnommé « Le Bateau de pierre ». Il se situe sur l'Étang aux lotus, non loin de la porte d'entrée du Jardin de Chine. Vous vous y rendez en contournant l'Étang aux lotus du côté de la montagne ou par le pont en zigzag.

LE BATEAU DE PIERRE

Le sentier qui mène au Bateau de pierre à partir du Kiosque de la douceur infinie est bordé : à gauche, de pivoines, de phlox et d'un noyer de Mandchourie (*Juglans mandshurica*) ; à droite, de saules (*Salix alba* 'Tristis') et de bouleaux (*Betula papyrifera*), de touffes d'hostas et de géraniums. Avant de parvenir au pavillon, on croise également deux abricotiers (*Prunus armeniaca*), du lysimaque de Chine (*Lysimachia clethroides*) et, adossée au mur, de la berce géante (*Heracleum mantegazzianum*), une plante bisannuelle de la famille des Apiacées. L'écran d'arbres qui forme une barrière naturelle au nord-est se compose principalement de pins sylvestres (*Pinus sylvestris*) et de mélèzes (*Larix* sp.).

La dernière étape de la visite du Jardin du Lac de rêve met en valeur la dominante aquatique sur laquelle repose la conception des jardins privés de la région au sud du Yangzi. Ce pavillon porte l'inscription *yi fang,* insinuant qu'il pourrait s'agir d'un bateau. Il a donc reçu le nom de « Bateau de pierre », car il semble flotter sur l'eau comme un navire à l'ancre. Sa petite terrasse à l'avant, avec son mât, ressemble à la proue d'un navire alors que la section à étage pourrait en être la poupe.

Cette ressemblance de même que la présence si rapprochée de l'eau incitent à entreprendre un voyage imaginaire. Les caractères calligraphiés de part et d'autre de l'entrée abondent d'ailleurs en ce sens : ceux de droite, *qing feng you xin yi xin yi,* signalent que : « la brise légère satisfait le navigateur » ; ceux de gauche, *ji shui wei tuan zhu hang xing*, évoquent : « les courants forts qui favorisent la navigation ».

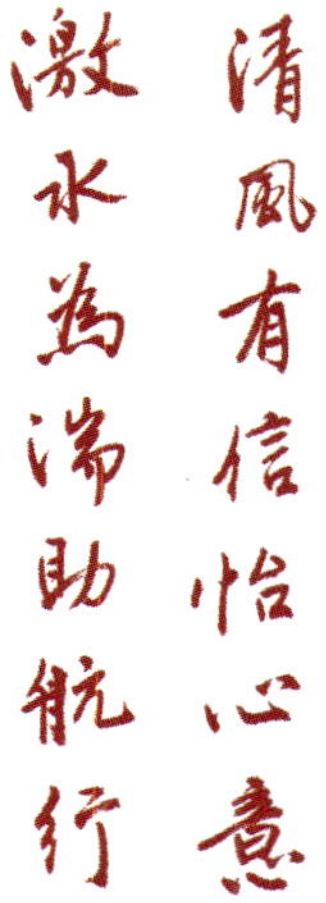

La notion de contraste est ici évidente : l'eau, élément *yin,* vient mouiller la pierre de la bâtisse, élément *yang*. Cette nappe d'eau secondaire – l'Étang des lotus – ouvre une perspective mais, en même temps, elle semble éloigner la nappe d'eau principale – le Lac de rêve – qui s'étend de l'autre côté du pont en dos d'âne, ajoutant ainsi de la profondeur au paysage entier. Selon le concepteur, M. Le Weizhong : « le principal et le secondaire n'existent que l'un par rapport à l'autre ; sans secondaire pas de principal et vice versa ». Les points

Le Bateau de pierre.

majeurs du jardin, que sont le lac, la montagne et le Pavillon de l'amitié, ressortent nettement parce que l'architecte a créé des sites comme celui-ci pour mettre les autres en évidence.

La nature sculptée dans le bois.

Dans la moiteur de l'été, le Bateau de pierre offre une fraîcheur surprenante. Il est très agréable d'y faire une pause pour admirer le paysage ou regarder un court film relatant la petite histoire de ce jardin. Sur la cloison intérieure de la bâtisse, est inscrit un poème. Il évoque la beauté de la nature, le plaisir de s'y trouver, et précise que « prendre de l'eau dans sa main, c'est comme tenir la lune dans sa main ».

Une porte à l'autre extrémité du pavillon permet de le traverser de part en part. À l'arrière, en direction de la porte en forme de lune, sont plantés des parterres de platycodons et de grandes marguerites. Des cerisiers pourpres des sables (*Prunus x cistena*) et des pins cembro (*Pinus cembra*) se dressent le long des murs chaulés ; à droite, deux poiriers de Chine (*Pyrus ussuriensis*) et deux ginkgos.

De la danse et de la musique chinoises sur la terrasse du Pavillon de l'amitié.

LA SOCIÉTÉ DU JARDIN DE CHINE DE MONTRÉAL

Le Jardin du Lac de rêve est administré par le Jardin botanique de Montréal dont il fait partie. Cependant, plusieurs des activités qui s'y déroulent ne sont possibles que grâce à la contribution financière de la Société du Jardin de Chine de Montréal. En partenariat avec la Ville de Montréal, c'est cette société qui gère, entre autres, les spectacles de musique chinoise et de danses folkloriques, l'exposition annuelle de sculptures sur glace ou de lotus asiatiques, ainsi que des expositions d'arts ou d'objets artisanaux. D'autres événements ravissent aussi les amoureux de la culture chinoise, notamment : Coup d'oeil sur les minorités chinoises, le tournoi d'échecs chinois, Le Jardin de la soie, Exposition de sculptures sur racines de bois de Chen Xiaozhen de Beijing, Festival des lanternes de Shanghai, Exposition de peintures : oeuvres de peintres chinois de Montréal.

Des cours sont aussi offerts au Jardin de Chine : langue chinoise (mandarin), calligraphie chinoise, peinture chinoise, *Tai Ji Quan* ou tai chi, *Qi Gong* ou techniques de respiration, *Wie Qi* ou go.

Le mandat de cet organisme à but non lucratif est de recueillir des fonds pour permettre la tenue de tels événements, de diffuser la culture chinoise et d'accroître les échanges culturels entre les Chinois et le Jardin botanique de Montréal. Son fondateur et premier président est M. Raymond Wong.

Ming Ma. *Roi de la jungle*, 1990, aquarelle, 61 sur 91 cm (24 sur 36 po).

DES JARDINS CHINOIS

LE JARDIN MONIAL, IMPÉRIAL OU PRIVÉ

On répertorie trois types de jardins chinois : le jardin religieux, le jardin royal ou impérial (tels qu'on le connaît depuis la survenue des empereurs, 221 av. J.-C.) et le jardin privé.

Les jardins religieux jouxtaient les temples ou les monastères, souvent érigés dans des endroits isolés et pittoresques. Blottis dans un décor sauvage ou nichés à flanc de montagne, tels les monts Tai, Huang ou Emei,

Moines bouddhistes d'un temple à Shanghai.

les jardins religieux étaient des lieux empreints d'une atmosphère sereine, propice à la contemplation et à la méditation. Dotés d'une végétation sobre, ils « empruntaient » à la nature environnante de majestueux paysages. Moines ou pèlerins, bouddhistes ou taoïstes, loin des préoccupations superficielles de la société, pouvaient se pencher sur les valeurs fondamentales et vivre en harmonie avec la nature.

Le Temple du roi Liu Bei dans la province du Sichuan.

Les jardins impériaux ont d'abord été érigés dans le bassin du fleuve Jaune ou d'un de ses affluents, la rivière Wei, là où les maîtres de royaumes plus ou moins morcelés ont successivement établi leur capitale. Les premiers jardins impériaux remontent à la période dite « Printemps et Automnes »

Le Temple du ciel à Beijing.

(722–481 av. J.-C.). Leur construction nécessitait des moyens hors du commun, dont une main-d'œuvre très abondante, car on cherchait à reproduire dans son entier un pan de nature.

Ces jardins témoignaient de la puissance du souverain. Ils offraient donc au regard une éclatante imitation de la nature, en grandeur réelle, et une somptuosité digne de celui que l'on considérait comme le Fils du ciel. Immenses, ces jardins pouvaient se transformer en parcs de chasse. Le plus souvent divisés en sections et garnis de nombreuses constructions luxueuses, ils se voulaient des lieux de repos et de distraction pour la famille impériale et la cour. Des pavillons et des salles de toute taille, servant tant au divertissement qu'à l'administration de l'empire, les transformaient en véritables palais secondaires.

Les jardins impériaux très anciens n'ont pas résisté au temps, ils ont été abandonnés ou détruits. Un nouvel empereur qui prenait le pouvoir faisait fréquemment disparaître les monuments rappelant la grandeur de la dynastie précédente ; par la suite, il prenait soin de marquer son règne de réalisations grandioses qui seraient à leur tour effacées par les règnes suivants. Malgré cela, il existe encore aujourd'hui à Chengde et à Beijing des exemples de ces fastueux jardins, notamment le parc Beihai et le Palais d'été.

Beijing a accédé au rang de capitale – mais de façon non continue et parfois concomitante avec une autre ville – au XIIe siècle avec les Jin. Les Yuan, les Ming et

Dragon en jade
Dynastie Shang Yin
(1700–1028 av. J.-C.)

Homme accroupi en jade
Dynastie Shang Yin
(1700–1028 av. J.-C.)

Face d'animal en bronze incrusté d'or
Dynastie Zhou orientale (Royaumes combattants)
(476–221 av. J.-C.)

Bovin en bronze incrusté d'argent
Dynastie Zhou orientale (Royaumes combattants)
476–221 av. J.-C.)

Chapeau de l'impératrice, découvert dans la province de Shanxi
Dynastie Ming
(1368–1644)

Vase en porcelaine « bleu et blanc » (*qinghua*), au motif de mer
Dynastie Ming
(1368–1644)

Vase en porcelaine « bleu et blanc » (*qinghua*), au motif floral
Dynastie Qing
(1644–1911)

Récipient en porcelaine aux cinq couleurs (*wucai*), aux motifs de poissons et de plantes aquatiques
Dynastie Ming
(1368–1644)

Céramique à glaçure aux trois couleurs (*sancai*), aux motifs de dromadaire et de musiciens
Dynastie Tang
(618–907)

notamment les Qing, la dynastie mandchoue qui régna jusqu'au début du XXe siècle, ont marqué ces parcs en reprenant, embellissant, modifiant les ouvrages des prédécesseurs. L'architecture palatale, les pavillons colorés de tuiles vernissées ocres et rouges dominent l'aménagement paysager et l'emportent sur la végétation.

Par leur nature et leur ampleur, les jardins impériaux étaient rares et inaccessibles. Mais le plaisir d'admirer la nature, le désir d'avoir un coin tranquille étaient pourtant largement répandus en dehors du cercle de la cour impériale. Cela donna naissance à la troisième catégorie de jardins chinois, les jardins privés, dont s'inspirent le Jardin du Lac de rêve, ceux qui élevèrent l'aménagement d'un jardin au rang de la création artistique.

Les jardins privés étaient généralement attenants à la résidence de leurs propriétaires, au cœur des villes. Ceux-ci achetaient un espace, le ceinturaient d'un mur et le transformaient en un microcosme de la nature. Ils satisfaisaient ainsi un autre besoin, celui de vivre retirés

Le lac de l'Ouest à Hangzhou, une ville renommée pour ses soieries.

du monde, à l'abri des périodes troublées qu'entouraient les abus politiques ou les changements de gouvernement. Cependant, puisque rien, même les jardins, ne devait égaler, surpasser, ou ne serait-ce que porter ombrage aux possessions impériales, une réduction d'échelle s'imposait. C'est en voulant recréer un microcosme, tout en cherchant à susciter les mêmes émotions que si le promeneur était réellement plongé dans la nature sauvage, que se développa l'art particulier des jardins privés.

À Vancouver, le Jardin Sun Yat-sen, nommé en l'honneur de ce grand patriote qui a rapproché la Chine du reste du monde.

La création de jardins privés commença à l'époque des Royaumes combattants (476–221 av. J.-C.). Vers 1631, Ji Cheng, qui était à la fois un connaisseur de rochers, un peintre et un concepteur de jardins, écrivait un ouvrage très précis sur la construction de jardins. Ce traité, intitulé *Yuan Ye* ou « L'art des jardins » dégageait non seulement les principes qui avaient régi jusque-là l'aménagement paysager, mais, de plus, il établissait les normes qui allaient définir les constructions futures. Du début des jardins privés jusqu'à la publication de ce livre, période qui s'étendit sur près de deux millénaires, les jardins se modifièrent sous certaines influences de l'histoire chinoise et leur conception se raffina.

LE HAVRE DES PRIVILÉGIÉS

Les jardins privés étaient la propriété de lettrés et de mandarins, de riches marchands et de nobles, c'est-à-dire le privilège de personnes instruites et fortunées. La possibilité de posséder un tel havre de paix n'était pas à la portée de tous. L'origine des lettrés remonte à l'antiquité alors que les scribes connaissant les caractères de la langue en vinrent peu à peu à former une sorte de troisième classe sociale qui s'insérait entre les familles princières et les paysans. Leur rôle s'explique par la complication de l'écriture – qui sera uniformisée sous le régime Qin (221–207 av. J.-C.) – et par le besoin de maintenir une administration structurée des domaines ou des royaumes, grands ou petits. Cette classe représentait une sorte de bourgeoisie intellectuelle de laquelle émergèrent les philosophes, écrivains et fonctionnaires.

Les lettrés devaient étudier les *Cinq livres classiques*, c'est-à-dire des textes provenant des royaumes antiques ;

certains de ces recueils dataient du IXe au VIe siècles avant notre ère. On rattache ces écrits à Confucius (551–479), lui-même issu de la nouvelle classe de lettrés, parce qu'il les reprit et les commenta dans ses enseignements. En fait, Confucius, que les Chinois nomment *Kongzi*, ne laissa pas d'écrits. Ce sont ses disciples qui, postérieurement, reconstituèrent sa pensée qui composa le fondement de ce qu'on désigne en Occident sous le terme de « confucianisme ». D'autres penseurs, notamment Mencius ou *Mengzi* (IVe siècle avant notre ère) et, beaucoup plus tard, Zhu Xi (1130–1200) reprirent l'explication des ouvrages anciens. Ils développèrent certains points de la doctrine confucéenne et apportèrent de nouveaux commentaires que l'on regroupa sous le nom de *Quatre livres*. À partir des Song (960–1279), ces enseignements furent incorporés à la formation des lettrés ; on les qualifia ultérieurement de « néoconfucianisme ».

La formation des lettrés reposait donc pour l'essentiel sur l'apprentissage de la dissertation et sur la connaissance des textes anciens tels qu'interprétés par la pensée confucéenne. Le mode de transmission se fit de maîtres à disciples, puis, sous les Han, par le biais d'une université et d'écoles régionales. Par la suite, un système d'examens sanctionnés par l'État permit d'accroître le nombre de lettrés, ce qui facilita le recrutement de fonctionnaires. Sous les Song, les Ming et les Qing, le

La Forêt de Confucius dans la province de Shandong.

succès aux concours impériaux devint pratiquement indispensable pour accéder aux fonctions de représentant de l'État.

LE POUVOIR DES MANDARINS

Selon leur talent et suivant les époques, les lettrés furent aux ordres de familles riches ou bien au service des états chinois, qu'ils fussent divisés ou unifiés. Ils occupèrent des postes de copistes, de teneurs de livres et d'intendants, ou encore de fonctionnaires, de commissaires, de conseillers et même de ministres. Certains durent s'accommoder d'emplois subalternes alors que d'autres acquirent l'importance qu'on prête à un grand dignitaire de l'état. Ce système où tous étaient formés d'après la stricte orthodoxie confucéenne marqua profondément la société chinoise et en perpétua les valeurs jusqu'à la fin de l'empire en 1911. Ces valeurs qui émanaient de traditions très anciennes établissaient les usages et les règles pour tous, en famille et en société ; elles imposaient une morale personnelle et publique que l'on n'osait pas transgresser au grand jour.

La respectabilité sociale et les privilèges associés au statut de lettré s'accompagnaient, pour celui qui décrochait un poste de haut fonctionnaire, d'un réel pouvoir politique. Si bien que, sous les Ming et les Qing, apparut une sorte d'aristocratie, bureaucratique et puissante, celle des mandarins. Le mandarinat était en fait un système d'administration aux mains des lettrés qui permettait de gérer les affaires économiques, fiscales, juridiques et militaires relevant de l'empire.

Ces fonctions qui apportaient la notoriété pouvaient comporter une charge administrative très lourde. Elles comprenaient aussi des obligations, par exemple, celle d'être affecté dans une région éloignée, ceci afin de réduire les risques de corruption. De plus, à certaines périodes, des postes étaient si mal rémunérés qu'il était coutumier que l'agent local lève des impôts à son propre usage. Dans les échelons les plus élevés de la hiérarchie, les préoccupations étaient plus souvent d'ordre politique. En effet, le mandarin devait composer avec les soubresauts politiques et les intrigues de palais. La convoitise et les rivalités de clans pouvaient entraîner les critiques, sanctions, disgrâces et parfois même le bannissement hors du royaume. Ce contexte explique pourquoi les lettrés aspiraient à se retirer dans le refuge serein d'un jardin privé.

LE JARDIN DU SUD DU YANGZI

Le jardin privé a été particulièrement populaire dans le bassin du cours inférieur du fleuve Yangzi, c'est-à-dire dans une zone située tout juste au sud du Yangzi, non loin de son embouchure en Mer de Chine. Ce cours d'eau est aussi désigné sous le nom de *Changjiang* ou fleuve Bleu. C'est donc au sud du Yangzi, notamment dans les villes de Shanghai, Suzhou, Nanjing (Nankin), Hangzhou, Yangzhou et Wuxi, qu'ont vu le jour un grand nombre de jardins privés. Suzhou, entre autres, baptisée « la ville des jardins », renferme encore aujourd'hui plusieurs de ces jardins enchâssés entre les murs des vieux quartiers.

Les conditions climatiques de cette région ont certes influencé l'aspect architectural et végétal des jardins.

Mur dragon au Jardin Yu Yuan de Shanghai.

Jardin du maître des filets à Suzhou, la ville des jardins ; il fait partie des monuments nationaux.

Ainsi, on y utilise une tuile grise-noire convenant au climat pluvieux et relativement chaud du delta du Yangzi et absorbant beaucoup mieux l'humidité que la tuile vernissée du Nord. Cette dernière conviendrait mieux à notre climat froid et sec, mais elle n'est pas assez résistante pour les hivers nord-américains ; on a donc développé à Shanghai une tuile spéciale conservant la couleur typique et l'aspect mat de la tuile du Sud, mais pouvant résister aux rigueurs de notre climat. Le climat doux favorise en effet une végétation riche et variée. Les hivers courts et cléments autorisent, par exemple, la construction de kiosques ouverts et de galeries extérieures. Shanghai et les villes avoisinantes sont sises, grosso modo, à des latitudes semblables à celles d'Alexandrie, de Jérusalem ou de Phoenix.

Cette région populeuse a longtemps constitué un des centres les plus prospères du pays. Le commerce et l'artisanat y étaient florissants et on y pratiquait une culture intensive qui servait à approvisionner une partie du pays. Le creusement du Grand Canal, complété dès 603, a également contribué à cette prospérité. Le Grand Canal ouvrait une voie maritime vers le Nord, vers le bassin du fleuve Jaune, permettant les échanges commerciaux sur quelque 2 700 kilomètres (1 678 mi). Cette contrée était en outre un foyer culturel actif où résidaient nombre de lettrés, d'artistes et de représentants de l'empire.

Lorsque les lettrés ont voulu adjoindre un jardin à leur demeure, spontanément, ils se sont inspirés des paysages aquatiques et montagneux qui les entouraient, tels que les rives poétiques du lac Tai et les 72 pics qui ornent les monts Huang. Et, ils ont reproduit cette nature en ayant recours, bien sûr, aux procédés et aux représentations fournis par les conventions culturelles et artistiques de leur époque. C'est pourquoi la conception d'un jardin, et sa compréhension, ne vont pas sans la connaissance de quelques notions de la peinture traditionnelle et de la culture chinoise.

LE JARDIN CONÇU COMME UNE PEINTURE

La pagode Longhua à Shanghai, ville située au sud du Yangzi.

Les grands courants de pensée de même que les arts visuels ne peuvent être dissociés de la démarche suivie lors de la création d'un jardin. La spiritualité, l'étude, la quête de la beauté, le dépassement de soi, l'harmonie avec la nature étaient des valeurs profondément ancrées dans l'âme chinoise il y a 2 000 ans. Les qualités morales, et non pas la fortune ou le rang dans la hiérarchie sociale, déterminaient les mérites véritables d'un homme.

D'ailleurs, la philosophie taoïste préconisait une vie simple, en accord avec la nature, où il était possible de vivre l'expérience de l'unité des choses, de la continuité des mondes matériel, sensoriel et spirituel. La philosophie bouddhique abondait dans le même sens en recommandant le renoncement à la superficialité du monde. Très tôt, les peintres ont transmis cette image du lettré, penché sur une poésie et isolé dans une cabane de bambou au cœur de la nature, comme un idéal. Cette aspiration véhiculée par la peinture sera reprise lors de la conception d'un jardin.

Avec le pinceau du peintre ou du calligraphe, avec les mots du poète, l'artiste pouvait sonder l'âme humaine et reproduire avec éclat et émotion un paysage. La poésie, la calligraphie, la peinture sont des modes d'expression prisés par les lettrés sensibles à la beauté et à la recherche de valeurs fondamentales. Les lettrés sont donc à la fois des créateurs, plus ou moins talentueux, et des admirateurs passionnés des œuvres d'art. Les jardins sont des lieux favorisant l'épanouissement de la vie artistique, intellectuelle et spirituelle. Dans la société traditionnelle, il était agréable et de bon ton de s'abriter dans un paisible jardin privé pour s'adonner aux arts, ciseler des poèmes, prendre le thé avec des amis, discuter de philosophie, admirer des rouleaux de peinture, des pierres originales, ou pour poursuivre ses réflexions en se promenant simplement sous la lune d'automne.

Stèle au motif de tortue devant le Temple Tai'an dans la province de Shandong.

La façon de transposer la nature à l'intérieur de jardins murés s'inspira de la peinture, d'autant que la nature, sous l'influence de la philosophie taoïste, devint le thème favori des artistes. La nature, avec la force de ses éléments et la grandeur de ses paysages, était plus qu'un simple lieu physique, elle renfermait une dimension spirituelle, une communion avec l'univers.

DEUX STYLES MAJEURS

La peinture chinoise traditionnelle a connu deux styles majeurs. Le premier, nommé *gongbi*, reproduisait méticuleusement un sujet. Il s'agissait d'une illustration fidèle et détaillée qui exigeait un travail minutieux. Ce courant était parfois associé aux peintres de la cour qui peignaient sur commande. Le second style, associé aux lettrés, laissait place à plus de créativité. Désigné par le terme *xieyi*, ce courant s'échelonna sur nombre de siècles et produisit plusieurs des chefs-d'œuvre de la peinture chinoise. À travers les sujets classiques tirés de la nature – les montagnes, l'eau, les fleurs, les jardins, les oiseaux, etc. – l'artiste pouvait transmettre sa vision et ses sentiments. Ces peintres reproduisaient la nature non seulement telle qu'elle existait, mais aussi telle qu'elle pourrait exister, telle qu'ils l'imaginaient. Ils cherchaient à la transposer avec les atmosphères qu'elle dégageait, les émotions qu'elle provoquait.

Ce style rejette la reproduction « photographique », il veut dépasser l'objet pour en rendre l'essence. Une imitation naïve d'une montagne, par exemple, ne montre pas l'essence de la montagne. On lui préfère des formes moins réalistes qui suggèrent l'esprit de cette montagne ou qui rendent l'idée qu'on se fait des nuages. Le traitement accordé aux paysages, doit refléter, par ses formes et par ses traits, l'énergie de la nature, tout en faisant appel à l'imagination du spectateur. Pour y arriver, les peintres eurent recours à des procédés graphiques tels l'exagération, la déformation, l'épuration, l'allusion. Le pouvoir de concentration et d'évocation de ces procédés aidait à produire des effets chargés d'expression. Et c'est dans la conceptualisation nécessaire à cette démarche créatrice que chaque artiste laissera sa marque personnelle.

Lion devant la Porte de la clarté éblouissante à la Cité interdite à Beijing.

Déjà, au IVe siècle, le peintre Gu Kaizhi recommandait de rendre l'esprit de l'objet qu'on peignait. Selon lui, une représentation réussie d'un objet en montrait l'essence, ce qui valait mieux que la stricte fidélité à la forme de cet objet. Wang Wei (701–761) qui était peintre et poète, cherchait aussi à capturer le « souffle circulant » dans la nature qu'il décrivait. On a dit de lui que sa poésie était imagée et que sa peinture était poétique. Considéré comme l'un des premiers grands peintres de paysages, la vision de Wang Wei a certes été transposée à l'intérieur des jardins puisqu'il dessina lui-même son jardin.

Dès le XIe siècle, la peinture de paysage devint la plus importante forme de peinture et, peu après, on assista à la création d'une académie impériale de peinture.

LE SYMBOLISME DES GRANDS PEINTRES

À partir des Yuan, les thèmes tirés de la nature furent utilisés comme ils ne l'avaient encore jamais été pour décrire les sentiments humains. Le milieu artistique, alors regroupé dans les villes du sud du Yangzi, réagit à la domination mongole en accentuant le style *xieyi* pour obtenir plus d'effets. Ni Zan (1301–1374) traduisit ses sentiments en créant des paysages désolés, des arbres aux branches nues, des contours vivement découpés. Les arêtes vives des rochers peints par Huang Gongwang (1269–1354) ou les orchidées de Zhen Sixiao (1240–1310) étaient des paysages du cœur, indiquant la détresse de leur auteur. Le symbolisme se renforça. Le pin, vert tout l'hiver, symbole de longévité, tout comme la fleur d'abricotier, l'une des premières à éclore au printemps, purent cacher dès lors une interprétation nouvelle : l'âme chinoise qui résistait à l'occupation mongole et qui attendait sa renaissance.

Bref, même si Ji Cheng n'avait pas encore publié son ouvrage traitant de l'aménagement des jardins, l'amateur d'art qui entreprenait une telle construction possédait une riche tradition artistique pour l'inspirer. D'ailleurs, l'originalité d'un artiste chinois se manifesta toujours en respectant la tradition : il reprenait les anciens maîtres et subtilement transformait leur style. Cette démarche explique la grande continuité de la peinture chinoise, une modification progressive sans rupture de style.

Lorsque le pays revint sous contrôle chinois, et que la dynastie Ming alla s'installer à Beijing, la communauté artistique du delta du Yangzi resta tout de même très dynamique. Ce régime autoritaire était marqué par les intrigues et enfermait la société dans le conformisme. La peinture devint encore un moyen de s'exprimer, d'échapper à la rigidité intellectuelle et de donner libre cours à l'imagination. Le même phénomène survint sous les Qing. L'opposition qu'éprouveront les lettrés à l'encontre de l'occupant mandchou se traduisit en por-

Les branches et rameaux se croisent ingénieusement.
Les premiers gels de l'automne ont rougi les feuilles d'érable, les rendant plus claires et jolies.
Éclairci, le paysage a l'apparence du bois d'automne et crée une ambiance propice à la spiritualité. La cigale qui semble chanter toute seule sur la branche nous rappelle ces vers du poète : « Le chant de la cigale haut perchée porte loin, mais sans l'aide du vent d'automne ».

(Poème de Yu Shinan : « Cigale », Dynastie Tang.)

Qi Baishi (1863–1957). *Chant d'automne*, aquarelle.

tant plus avant le traitement de la peinture. De nouveau, le style se raffina, le trait s'épura et le sens s'enrichit.

Au XVIIe siècle, les toiles de Zhu Da semblent condenser dans un fragment de nature – une pierre aux formes pures, une fleur solitaire – toutes les émotions éprouvées par des siècles de rêverie artistique. Shitao ou *Daoji* (1641–v. 1721) brossa des chefs-d'œuvre de concision, des peintures si simples et si directes qu'elles semblaient tracées par la main d'un enfant. Tous deux étaient adeptes de la méditation bouddhique, et le second, poursuivant la tradition d'associer l'art pictural à l'aménagement paysager, dessina au moins deux jardins privés à Yangzhou. Ces deux grands maîtres du style *xieyi*, inspireront le premier des grands peintres modernes : Qi Baishi (1863–1957). Celui-ci esquissera avec une perfection inégalée quelques brindilles d'herbe, un petit animal, des sujets anodins de prime abord qui concentrent l'essentiel de l'univers.

LA SEGMENTATION DE L'ESPACE ET LA MINIATURISATION

Les concepteurs de jardins empruntèrent la vision et les procédés de la peinture. Et ils créèrent en plus des méthodes propres à la reproduction tridimensionnelle, comme la segmentation de l'espace et la miniaturisation, afin d'obtenir les mêmes effets. Le lien fut si serré entre les peintres paysagistes et les architectes paysagistes qu'à certains moments les peintres illustrèrent des paysages de jardins, jardins qui étaient eux-mêmes des reproductions de peinture.

Parallèlement, l'histoire des jardins chinois pourrait être divisée en trois périodes. La première période comprend la construction des premiers grands jardins impériaux il y a quelque 2 000 ans. Comme nous le verrons plus loin, ces jardins reconstituaient la nature avec faste sans réduction d'échelle.

La seconde période apparaît avec le développement des jardins privés. Sous l'influence de la peinture, l'abstraction, la stylisation seront utilisées pour reproduire la nature de manière expressive, et non l'imiter. La surface extrêmement restreinte conduira à l'élaboration d'artifices. La segmentation de l'espace donnera l'impression d'étendre la surface. La réduction d'échelle permettra de contenir tous les éléments essentiels de la nature. Un amoncellement de pierre servira d'allégorie à la montagne. Les perspectives sans point de fuite ramèneront le regard vers l'intérieur. Le mur chaulé servira d'horizon. L'effet de labyrinthe des cours et des promenades donnera l'illusion d'agrandir les lieux. Une touffe de bambou placée de façon à n'être captée qu'à travers une fenêtre, dessinera un tableau unique et sauvage, elle fera croire à une forêt, et laissera l'imagination libre d'aller au-delà de cette forêt.

Cercueil au Temple du Bouddha de jade à Shanghai.

Sous la dynastie Tang (618–907), les jardins privés se caractérisent par la simplicité et la concision, puis, progressivement la composition deviendra plus élaborée, le symbolisme plus puissant et la miniaturisation plus maîtrisée. Au début de la dynastie Ming, ils atteindront un équilibre, une maturité dans l'emploi de ces procédés jouant sur les contrastes et la complémentarité. C'est de cette période classique que se sont inspirés les concepteurs de Shanghai pour dessiner le jardin chinois de Montréal.

La dernière période dans la construction des jardins coïncide avec la fin des Ming alors qu'on introduit, entre autres, la notion de paysage à l'échelle humaine. On modifiera les proportions de telle sorte que le paysage qui s'offre à la vue soit ramené à la taille du promeneur. Celui-ci n'aura plus l'impression d'être minuscule face à une montagne réelle, comme dans les jardins impériaux, ni d'être géant devant une miniaturisation qui symbolise la montagne.

Enfin, à partir du XVIe ou XVIIe siècle, les jardins privés gagneront en splendeur, mais leur niveau artistique déclinera en raison d'une élaboration excessive. Ils auront alors tendance à afficher des expressions de plus en plus rococo et prétentieuses. Cependant, les jardins chinois classiques qui existent encore aujourd'hui montrent que les styles se sont souvent chevauchés. Ils coexistent sur un même site parce que les jardins privés ont été maintes fois remaniés, voire reconstruits, par des générations successives de propriétaires. Paradoxalement, la dernière vague de construction de jardins impériaux, au style particulièrement flamboyant, tirera son inspiration des plus beaux jardins privés.

RAFFINEMENT ET SÉRÉNITÉ

La multiplication des jardins privés au sud du Yangzi fut favorisée par la dynastie des Song du Sud qui exerça son

Le lac de l'Ouest, d'une circonférence de 15 km (9 mi), est renommé pour sa beauté.

pouvoir depuis la ville de Hangzhou. À partir du XIIe siècle, pendant 150 ans, Hangzhou fut la capital méridionale d'une Chine divisée tandis que la partie nordique du pays était contrôlée par les Xia occidentaux et les Jin. Les gens de cour, lettrés, mandarins, commercants, et leur famille, viendront encore plus nombreux s'installer dans la région. Ils feront construire des jardins de plus en plus raffinés, confortables et dispendieux. Ces jardins deviendront lieux d'art et de rencontre pour les uns ou démonstration de culture pour les autres.

Ce phénomène de concentration de jardins privés dans le delta du Yangzi, se poursuivra après l'invasion des Mongols. Les Mongols, qui prirent le titre dynastique de Yuan, réunifièrent le pays et déménagèrent la capitale à Beijing. Cependant, plusieurs hommes publics chinois étaient peu enclins à travailler sous les ordres des grands khans, tels Gengis Khan ou *Chinggis* et Kubilai Khan ou *Qubilai* ; ces lettrés préféraient vivre dans leur refuge loin de la cour mongole. D'ailleurs, à cette époque, plusieurs postes de l'administration publique furent occupés par des hommes provenant d'Asie centrale ou par des étrangers, notamment Marco Polo qui servit comme magistrat à Yangzhou pendant trois ans.

Le Temple Fei Lai Feng, à Hangzhou.

Bien que le règne prospère des Ming ramenat les Chinois au pouvoir, le désir de faire construire un jardin et de s'y retirer restait toujours aussi prononcé, car la vie politique était marquée par la convoitise et la corruption. Plus d'un voulait s'éloigner de la carrière publique à tel point, estime-t-on, qu'à cette époque, une carrière publique durait moins de huit ans...

Lieu calme à l'abri des luttes et des tourments du pouvoir, les jardins privés réprésentaient le contraire de l'ordre incontournable et restrictif des choses. Sources d'inspiration pour le lettré et l'artiste, ils répondaient au besoin de laisser courir l'imagination, alors que le monde extérieur était régi par des codes très rigides. La vie familiale et sociale était réglée selon une hiérarchie très stricte à laquelle il fallait se conformer. Cet ordre était si poussé qu'il s'appliquait même à la construction d'une maison : celle-ci devait être régulière, carrée ou rectangulaire, avec une cour centrale et des appartements désignés selon le rang familial. Le jardin, lui, pouvait être irrégulier, sauvage, poétique.

LA FIÈVRE DES PIERRES

L'histoire chinoise nous apprend que des gentilhommes s'adonnaient à la collection de petites pierres aux lignes évocatrices et qu'ils aimaient en décorer leurs tables, bien avant le début de l'ère chrétienne. Cependant, la présence de roches d'une taille plus importante à l'intérieur des jardins remonte à l'époque des Sui (581–618). Leur utilisation prit de l'ampleur et devint en vogue sous les Tang (618–907). Les pierres aux formes étonnantes, ou grotesques, firent l'objet d'un attrait peu commun chez les gens cultivés, et l'appréciation des plus beaux spécimens devint une activité pratiquée par des connaisseurs. La peinture renforça la valeur artistique en exhibant, elle aussi, des pierres aux formes baroques.

Au début du XIIe siècle, Du Wan publiait un catalogue répertoriant 116 types de pierres. Des critères de sélection les classaient selon des qualités telles que la présence de cavités, une surface érodée montrant des courants et une forme allongée plus massive au sommet qu'à la base, comme le monolithe à l'entrée. On détermina aussi quelques sites d'extraction intéressants, parmi lesquels le fameux lac Tai venait en tête. L'exploitation des richesses baignant au fond du lac entraîna une activité locale intense et, par ricochet, la valeur de ces pierres augmenta considérablement. Et parfois, la main de l'homme n'hésita pas à accentuer leur bizarrerie.

Cette fièvre de recherche et de collection de pierres pèsera d'ailleurs lourdement sur les finances de plus d'un empereur. Par exemple, Zhu Mian, un des ministres de l'empereur Hui Zong (1101–1125), fit transporter un boulder d'environ 12 mètres (39 pi), du lac Tai à Kaifeng, pour embellir le jardin de son maître. Le transport d'une telle pièce, sur une distance de près de 650 kilomètres (404 mi) n'était pas sans soulever d'énormes problèmes de logistique, de main-d'œuvre et d'argent. Dans la deuxième période de la dynastie Ming (à partir du XVIe siècle), la popularité de ces roches fut telle que les connaisseurs payèrent des prix fabuleux pour se procurer les spécimens réputés du lac Tai. Celles-ci étaient authentifiées par des experts alors que d'autres spécialistes veillaient à les intégrer le plus parfaitement possible à l'aménagement des jardins.

Coupe en ivoire
incrusté de turquoises
Dynastie Shang Yin
(1700–1028 av. J.-C.)

UN VILLAGE CHINOIS AU CŒUR DU JARDIN BOTANIQUE

Pour la plupart des 48 artisans chinois qui ont travaillé du mois de juin au mois de décembre 1990 à Montréal, il s'agissait du premier voyage hors de leur pays, du premier contact avec la culture occidentale. La prise en charge de ces travailleurs ne parlant ni français ni anglais exigeait une logistique particulière.

Leurs quartiers ont été installés au Jardin botanique même. Huit grandes roulottes formaient un petit village à proximité du chantier. Six de ces roulottes, équipées de douches et de toilettes, étaient entièrement aménagées en chambres doubles. Les deux autres roulottes servaient de cuisine, de réfectoire et de salle communautaire. En plus des maçons, ébénistes, jardiniers et électriciens, l'équipe de Shanghai comprenait un cuisinier qui préparait dans ses grands *wok* des repas typiquement chinois. Un petit potager qu'ils cultivaient eux-mêmes et des semences apportées de Chine leur permirent de récolter des variétés de légumes difficiles à trouver ici.

Les Chinois travaillaient de longues journées. Les jours de congé, ils se rendaient souvent au centre-ville ou dans le quartier chinois. Ils se déplaçaient à pied, en vélo ou en métro.

Accompagnés d'interprètes, ils ont participé à des visites dans la région montréalaise et ils ont fait des excursions à Ottawa, à Québec et aux chutes Niagara. Ils ont même assisté à un match de hockey, une façon divertissante de surmonter la barrière linguistique et d'entrer en contact avec une culture totalement différente de la leur.

L'exposition de lanternes au Pavillon de l'amitié.

FRAGMENTS DE CULTURE CHINOISE

LA CHINE AUJOURD'HUI

La République populaire de Chine est le pays le plus populeux de la planète. Elle compte quelque 1,2 milliard d'habitants, ce qui représente le cinquième de la population du globe. La très grande majorité de cette population, soit 93 pour cent, est d'ethnie *han* (généralement considérée à l'étranger comme représentant l'ensemble des Chinois), alors que le reste se compose d'une cinquantaine de peuples largement minoritaires, notamment les Zhuang, les Mongols, les Tibétains et les Ouïgours. La population chinoise a doublé en 40 ans ; une telle explosion démographique n'est pas sans causer d'importants problèmes d'ordre environnemental et énergétique.

Le pays se divise en 30 régions administratives, dont trois municipalités sont directement sous l'autorité centrale (Beijing, Shanghai et Tianjin), 22 provinces et 5 régions dites autonomes (Nei Mongo ou Mongolie, Xizang ou Tibet, Ningxia, Xinjiang et Guangxi). Le Sichuan est la province la plus peuplée (107 218 173 habitants, selon *China's Population*, Éd. Nouvelle Étoile, Beijing, 1992) et la plus vaste, mais les provinces côtières du Shandong et du Jiangsu sont les plus densément peuplées avec plus de 500 personnes au kilomètre carré.

Village natal de Mao Tsé-Toung (1893–1976).

Environ de 70 à 75 pour cent de la population habite les campagnes où l'on cultive principalement le blé, le riz, le maïs, le sorgho, le soya, le coton, les fruits et le thé. On y fait l'élevage de volailles (poules, canards, oies), de bovins (d'où une importante production laitière), de

Rizière verdoyante dans la campagne de Shanghai, la plus grande cité de Chine.

La pêche avec cormoran : un cormoran remplace trois pêcheurs chevronnés

Les formes douces d'une plantation de thé à Hangzhou.

porcs (la viande qui constitue la nourriture habituelle) et de moutons. La pêche et la pisciculture sont très largement pratiquées ainsi que la sériciculture, c'est-à-dire l'élevage des vers à soie.

Le pays s'étend sur quelque 5 500 kilomètres (3 418 mi) du Nord au Sud et d'à peine moins d'Est en Ouest, ce qui en fait le troisième pays en importance au monde quant à la superficie, après la Fédération de Russie et le Canada. Le Nord est soumis à un climat tempéré où on enregistre des chutes de neige en hiver alors que le Sud jouit d'un climat semi-tropical. Très varié, le relief de la Chine se caractérise par des déserts de sable, des plateaux en altitude, de vastes plaines et de nombreuses chaînes de montagnes, dont l'Himalaya.

Le pays est riche en métaux et minerais, notamment en charbon. La métallurgie, la pétrochimie de même que les industries mécanique, automobile et chimique sont bien développées. L'industrie textile, soie et coton, contribue aussi aux exportations. L'Armée populaire de libération (APL) forme un complexe militaro-industriel d'envergure qui fabrique et exporte des produits variés qui vont de l'armement à l'aéronautique en passant par une gamme très étendue de biens de consommation civile.

LES DYNASTIES CHINOISES

La chronologie de l'histoire chinoise débute par la dynastie Xia (2200–1700 av. J.-C.) quoique l'existence réelle de cette dynastie reste incertaine. Une double chronologie marque les débuts de cette histoire, ce qui explique les différences de datation entre historiens. Par ailleurs, à l'intérieur d'une longue période historique, des clans ou des groupes différents peuvent s'être succédés au pouvoir. Ceux-ci peuvent même avoir régné simultanément, le territoire étant morcelé en plusieurs royaumes, indépendants ou tributaires, qui guerroyaient entre eux.

1700–1028 av. J.-C.	**Dynastie Shang Yin**
1025–256 av. J.-C.	**Dynastie Zhou**
	Zhou occidentale 1025–771 av. J.-C.
	Zhou orientale 770–256 av. J.-C.
	Printemps et Automnes 722–481 av. J.-C.
	Royaumes combattants 476–221 av. J.-C.
221–207 av. J.-C.	**Dynastie Qin**
206 av. J.-C.–220 ap. J.-C.	**Dynastie Han**
	Han occidentale ou antérieure 206 av. J.-C.–24 ap. J.-C.
	Han orientale ou postérieure 25–220
220–280	**Les Trois Royaumes**
	Royaume de Wei 220–265
	Royaume de Shu Han 221–263
	Royaume de Wu 222–280
265–420	**Dynastie Jin**
	Jin occidentale ou antérieure 265–316
	Jin orientale ou postérieure 317–420
304–439	**Les Seize Royaumes**
420–589	**Dynasties méridionale et septentrionale**
	Méridionale : *Song ou Liu Song ; Qi méridionale ; Liang méridionale ; Liang orientale ; Chen*
	Septentrionale : *Wei septentrionale ; Wei occidentale ; Wei orientale ; Qi septentrionale ; Zhou septentrionale*
581–618	**Dynastie Sui**
618–907	**Dynastie Tang**
907–979	**Les Cinq Dynasties et les Dix Royaumes**
916–1125	**Dynastie Liao**
960–1279	**Dynastie Song**
	Song septentrionale 960–1127
	Song méridionale 1127–1279
1038–1227	**Dynastie Xia occidentale**
1115–1234	**Dynastie Jin septentrionale**
1271–1368	**Dynastie Yuan (mongole)**
1368–1644	**Dynastie Ming**
1644–1911	**Dynastie Qing (mandchoue)**
1912–1949	**République de Chine**
1949–	**République populaire de Chine**

LA CHINE SOUS LES MING (1368-1644)

La dynastie mongole des Yuan s'effrita à la suite de rébellions populaires qui avaient soulevé le centre et le sud du pays. En 1368, un nouveau chef s'imposa, Zhu Yuanzhang ; il devint empereur, choisit comme nom de règne Hongwu et institua la lignée dynastique Ming. Il établit sa capitale à Nanjing. dans la région du sud du Yangzi, alors le centre de la vie artistique et culturelle.

Hongwu s'employa à reconstruire le pays détruit par les guerres précédentes. Il repeupla et reboisa les zones dévastées, remit en état les systèmes d'irrigation et développa l'agriculture. Il implanta un contrôle serré des populations – paysans, soldats et artisans – et des impôts. Il concentra entre ses mains les pouvoirs de l'administration et de l'armée, gouverna de façon absolutiste et mit en place une police secrète chargée de surveiller les différents paliers de l'administration. En 30 ans, le premier empereur Ming parvint à rétablir la puissance et la prospérité matérielle de la Chine, et le régime autocratique qu'il instaura se continuera pendant presque toute la durée de cette dynastie. Cette ère sera marquée par l'oppression des défavorisés, par l'influence grandissante des eunuques, et par la méfiance et la mésentente au sein des hauts fonctionnaires et de la classe dominante.

Sous le règne du troisième empereur Ming, Yongle, la Chine connut une période d'ouverture et de prospérité. Des missions diplomatiques furent envoyées dans plusieurs pays limitrophes. De grandes expéditions

Porte de la suprême harmonie à la Cité interdite à Beijing.

maritimes furent organisées en direction du Japon, de l'Asie du Sud-Est, des côtes de l'Inde occidentale et de l'Afrique orientale. L'armée pénétra au Viêt-nam, en Mongolie et en Mandchourie, mais elle ne put tenir ces positions très longtemps. Après avoir remis en état le Grand Canal qui assurait l'approvisionnement intérieur, l'empereur Yongle entreprit le déménagement de la capitale vers Beijing, ce qui amena la construction de la Cité interdite, ainsi nommée parce qu'elle renfermait le Palais impérial et ses dépendances, lieux où la population n'avait pas accès.

Vase à eau en poterie aux motifs humains et animaux
Dynastie Han orientale (25-220)

Au milieu du XVe siècle, la détérioration des conditions faites aux mineurs et aux petits paysans de même que l'accroissement de la richesse des grands propriétaires terriens et des commerçants provoquèrent des soulèvements qui furent durement réprimés. Au siècle suivant, le pays entreprit un repli défensif, tant sur le continent que sur les mers. En réaction aux attaques répétées des Mongols au nord, de la piraterie et de la contrebande qui sévissaient le long des côtes orientales, la Chine s'isola du reste du monde. Plusieurs sections de la Grande Muraille furent construites ou renforcées à cette époque pour protéger le territoire contre une nouvelle invasion des « barbares ».

Au sein d'un gouvernement secret et autocratique, les eunuques exercèrent une influence considérable. Les eunuques étaient des hommes castrés qui formaient une catégorie spéciale de serviteurs : ils étaient responsables des affaires qui touchaient directement l'empereur et sa famille. Ils avaient donc la main haute sur la garde personnelle de l'empereur ainsi que sur certains ateliers impériaux. De serviteurs dévoués, ils devinrent profondément impliqués dans la politique et parvinrent à s'insinuer au cœur même du pouvoir. Ils mirent à profit leur position privilégiée pour devenir riches et puissants et ils réussirent, à certains moments, à contrôler la police secrète, à isoler l'empereur et à le manipuler.

Leur omnipotence suscita l'hostilité de nombreux mandarins, mais devant cet immense pouvoir, la plupart ne put se soustraire aux abus, aux trafics d'influence et à la corruption afin d'obtenir grâce à leurs yeux.

À la fin du XVIe siècle, après avoir connu une courte période empreinte de justice sociale et d'administration efficace, les machinations des eunuques reprirent. Mais les dépenses fastueuses du Palais, les rentes généreuses des familles princières et les opérations militaires grevèrent rapidement les finances de l'état. Les taxes et impôts accablants provoquèrent des révoltes dans la plupart des régions. À la révolte sociale s'ajouta une profonde crise politique alors que des groupes de lettrés et de fonctionnaires intègres dénonçaient le favoritisme, la corruption et le pouvoir occulte des eunuques. De grandes insurrections populaires et la menace des troupes mandchoues viendront finalement détrôner le dernier empereur Ming en 1644.

Sous la dynastie Ming, la population de la Chine passa de 70 à 130 millions d'habitants. Durant cette période, on nota, entre autres, le progrès de l'agriculture, l'accroissement de la production du coton et du papier, l'amélioration des techniques de tissage de la soie et l'essor de la fabrication de la porcelaine. Le commerce, intérieur et extérieur, enregistra une prospérité marquée.

L'absolutisme a laissé peu de place à la libre pensée. L'orthodoxie intellectuelle a étouffé la création artistique et la réflexion philosophique durant la majeure partie de cette dynastie. Cependant, à la fin du XVIe siècle, la rigidité fit place au renouveau. On assista à une renaissance artistique grâce à des personnalités anticonformistes, notamment Li Zhi et les trois frères Yuan qui se mirent à rédiger des récits dans une langue plus simple, accessible à un vaste public. On réalisa également le premier classement des caractères chinois sous 214 clés ; on compila de nombreux ouvrages sur les connaissances techniques, médicales, géographiques et botaniques ; et on publia l'un des plus grands romans populaires chinois : *Xiyouji* ou « Le voyage en Occident », écrit par Wu Cheng'en.

C'est aussi à cette époque que les lettrés fortunés de Suzhou peaufinèrent l'aménagement artistique de leurs jardins et qu'un riche financier du Sichuan

Architecture du Temple des lamas à Beijing.

Lionne du Temple des lamas à Beijing.

entreprit la construction du fameux « Jardin du mandarin Yu » à Shanghai.

Notons enfin que, sous le règne Ming, les relations commerciales et culturelles s'intensifièrent avec le Japon ; les premiers galions portugais accostèrent à Macao ; le premier jésuite, l'Italien Matteo Ricci, débarqua en Chine ; et, à la suite des visites des missionnaires, les théories chinoises et européennes se confrontèrent dans des domaines scientifiques tels l'astronomie et les mathématiques.

LES GRANDS FLEUVES

Avec ses 6300 kilomètres (3915 mi), le Yangzi est le plus long fleuve de Chine. Il occupe le troisième rang au monde, après l'Amazone et le Nil. Il coupe littéralement le pays en deux et n'est franchi que par trois ponts : à Chongqing, à Wuhan et à Nanjing. Il se jette dans la Mer de Chine et constitue une importante voie fluviale, car il permet aux bateaux de lourd tonnage de s'avancer loin à l'intérieur des terres.

Plus au nord, et long de 4800 kilomètres (2983 mi), le Huang He ou fleuve Jaune, est le deuxième fleuve de Chine. Il est craint en raison des désastreuses inondations qu'il a souvent causées. Il a même changé de cours à plusieurs reprises au cours des siècles. En crue, il déverse 14000 mètres carrés (150700 pi^2) d'eau à

La gorge Qutang, s'étendant sur 8 km (5 mi) le long du Yangzi.

Le Yangzi est le plus long fleuve de Chine : 6 300 km (3 915 mi).

la seconde, mais il est endigué sur de longues portions. Il irrigue de larges étendues qui constituent le bassin originel d'où est issu la majorité du peuple chinois.

Lorsqu'il traverse les régions couvertes de lœss, une terre poudreuse et jaune, il se gonfle sous l'effet de l'érosion et prend cette couleur particulière qui lui a valu son nom. Il charrie, en fait, une telle quantité de limon que son lit monte constamment.

Tout au nord, le fleuve Heilongjiang trace la frontière avec la Fédération de Russie où il porte le nom de fleuve Amour. Deux autres fleuves prennent leur source au Tibet avant d'aller arroser les pays voisins : le Mékong et le Brahmapoutre. Mentionnons aussi la rivière des Perles dans la province du Guangdong au sud du pays.

DIVERS SYMBOLES CHINOIS

Le monde chinois est peuplé de symboles. Transmis au fil des temps, ils sont soigneusement préservée et cultivés. Nous en avons mentionné quelques-uns dans le texte et y ajoutons quelque peu par les renseignements suivants.

LE DRAGON

Pour les Chinois, le dragon est un animal tantôt bienveillant, tantôt malfaisant. Ainsi, autrefois, l'apparition d'un dragon était considérée comme un présage heureux, mais, par ailleurs, on appréhende encore aujourd'hui les catastrophes qui risquent de survenir durant l'année du dragon. Monstre à quatre pattes et au long corps recouvert d'écailles, le dragon est souvent représenté avec une bosse au milieu du crane et la tête coiffée de cornes.

Dotés de pouvoirs extraordinaires, les dragons avaient la faculté de grandir ou de diminuer à volonté. Ils pouvaient même revêtir une forme humaine. Les dragons habitaient les mers et étaient gouvernés par quatre rois-dragons, un pour chacune des quatre mers mythiques qui entouraient les quatre points cardinaux. Parce qu'ils vivent dans l'eau, qu'ils sont capables de s'élever au ciel et de marcher sur les nuages, ils peuvent

Dragon prenant le frais.

produire la pluie. Les croyances entourant cet animal fabuleux ont longtemps persisté, car le dragon était un faiseur de pluie très prisé par les paysans. Compte tenu de son association avec l'eau, il agit ici à titre de protecteur des incendies.

Le dragon était également de bon augure pour les dirigeants. Ainsi, neuf dragons à cinq griffes étaient brodés sur la robe de l'empereur.

La Danse du dragon était à l'origine une cérémonie pour solliciter les faveurs des dragons et faire tomber la pluie. Des danseurs, cachés sous le déguisement d'un énorme dragon aux couleurs flamboyantes, font ouvrir la gueule de la bête, danser ses grosses pattes et onduler son long corps, à la poursuite d'une boule que tient un enfant, la perle du dragon.

LE YIN ET LE YANG

陰陽

La théorie du *yin* et du *yang,* de même que celle du *dao* ou tao, sont antérieures de quelques siècles au taoïsme. Elles existaient avant l'époque des Zhou, soit presqu'une dizaine de siècles avant notre ère. Ces théories forgées par les devins de la religion populaire antique cherchaient à expliquer le fonctionnement et les forces de l'univers. Elles furent reprises par les scribes, ensuite par les taoïstes, modifiées selon les tendances, puis associées à divers autres systèmes, notamment celui des cinq éléments (terre, feu, eau, métal, bois) et celui des 64 hexagrammes symboliques (lignes coupées et lignes ininterrompues) utilisés pour les exercices de divination. Ces notions apparaissent dans le *Yijing* ou « Livre des mutations », qui allait devenir, grâce aux confucéens, l'un des livres classiques étudiés par les lettrés et donc se transmettre à travers les âges.

Le symbole de l'harmonie.

La Chine ancienne divisait la substance primordiale, celle qui commandait l'univers, en deux principes : le principe d'ordre, *li,* et le principe de dynamisme, *qi,* lesquels forment ensemble le *taiji* ou grand faîte. Le *qi*, souffle ou énergie première, évolue à son tour sur un mode de repos, le *yin,* et un mode de mouvement, le *yang.* L'alternance de ces deux états, de ces deux forces opposées mais complémentaires forme aussi le *tao,* mot signifiant « la voie », l'ordre qui régit toutes choses.

La beauté, un des 64 hexagrammes.

LE JEU DES CONTRASTES

Ces deux forces s'inscrivent dans la continuité, car elles sont interdépendantes. Au-delà de leur dualité, le *yin* et le *yang* illustrent l'unité, ils participent à un cycle continu où l'un appelle l'autre, comme la nuit amène le jour, l'hiver conduit à l'été, le froid évoque le chaud. Selon cette conception, l'eau, la fraîcheur, la noirceur, la douceur, l'humidité, la faiblesse et la lune, entre autres, appartiennent au principe *yin*. Par contre, la pierre, la chaleur, la clarté, le dur, le sec, la force, le soleil relèvent de l'élément *yang*.

Ces deux mots se retrouvent dans de nombreux noms de lieux chinois : le mot *yin* s'applique à la partie d'une vallée située au sud de la rivière, celle que le soleil laisse dans l'ombre, et le mot *yang* désigne la partie ensoleillée située au nord de la rivière. L'être humain porte en lui la même dualité quoique l'homme présente une prédominance du principe *yang* et la femme, une prédominance du principe *yin*.

La juxtaposition de ces éléments opposés contribue à donner aux jardins chinois ce caractère inhabituel qui fait leur originalité. L'opposition crée le contraste. Le contraste brise la symétrie et, en même temps, il souligne la complémentarité des éléments. La différence renvoie à son contraire : le petit met en valeur le grand, l'obscur fait penser à la lumière, le sinueux rappelle le droit, l'enceinte suggère l'espace, l'architecture ramène à la nature. L'art des jardins chinois réside dans le jeu harmonieux de ces contrastes.

LES MONTAGNES SOUTIENNENT LE CIEL

La mythologie chinoise antique comprenait une hiérarchie de divinités terrestres et célestes qui expliquaient et menaient l'univers. Cette mythologie forma un fonds de légendes et de croyances sur lequel vinrent se greffer les théories taoïstes, puis les valeurs confucéennes et les dogmes bouddhiques, doctrines elles-mêmes en mouvement. Certaines croyances disparurent dans la nuit des temps ; d'autres, transformées, édulcorées, amalgamées aux doctrines officielles du moment, persistèrent et influencèrent le monde chinois pendant deux

Rivière Li Shiu.

millénaires. Ainsi, l'attrait presque magique qu'exercent les montagnes remonte à des temps très anciens.

Une conviction très ancienne voulait que la terre soit carrée et que le ciel soit rond. Le ciel était supporté par quatre piliers terrestres – des montagnes – posées aux quatre points cardinaux. Chacune de ces montagnes, de même que chacune des régions célestes correspondantes, était gouvernée par une divinité distincte. Quatre mers entouraient les quatre faces de la terre, chacune abritant un roi-dragon. Puis, vint s'ajouter un cinquième élément : une montagne au centre, dirigée par un dieu terrestre, à laquelle correspondait une section céleste équivalente. D'ailleurs, on confond parfois le Seigneur du Centre céleste, nommé *Huangdi*, avec un

Rive ouest de la rivière Lijiang.

Amphore en bronze
Dynastie Zhou occidentale
(1025–771 av. J.-C.)

Pichet à vin en bronze au motif de bélier
Dynastie Shang Yin
(1700–1028 av. J.-C.)

Pichet en bronze au motif géométrique
Dynastie Shang Yin
(1700–1028 av. J.-C.)

Cruche à vin en bronze au motif géométrique
Dynastie Shang Yin
(1700–1028 av. J.-C.)

Amphore en bronze (réservée aux marquis)
Dynastie Zhou occidentale
(1025–771 av. J.-C.)

Récipient à vin en bronze au motif géométrique
Dynastie Zhou occidentale
(1025–771 av. J.-C.)

Pichet à vin avec bec verseur au motif de dragon
Dynastie Zhou orientale (Printemps et Automnes)
(722–481 av. J.-C.)

Vaisseau tripode à eau en bronze
Dynastie Zhou orientale (Royaumes combattants)
(476–221 av. J.-C.)

Instrument de musique en bronze
Dynastie Zhou orientale (Printemps et Automnes)
(722–481 av. J.-C.).

Vase funéraire en bronze
Dynastie Han occidentale
(206 av. J.-C.–24 ap. J.-C.)

Miroir en bronze au motif floral
Dynastie Jin
(1115–1234)

empereur mythique portant le même nom qui aurait vécu plus de 2 000 ans avant notre ère, de même qu'avec le premier empereur Qin (221–207 av. J.-C.), Shi Huangdi, qui prit le titre d'auguste souverain.

Les cinq dieux rattachés aux montagnes ont trouvé un écho dans le canon taoïste qui vénère cinq montagnes sacrées disposées au centre et aux quatre coins du monde chinois. Le mont Taishan, dans la province orientale du Shandong, est le plus sacré d'entre tous ; dans la mythologie populaire antique, il correspond à la résidence du *Taiyue Dadi* ou « Dieu du Pic de l'Est », qui préside à la vie humaine en fixant la naissance et la mort. Plus tard, le bouddhisme désignera à son tour quatre montagnes sacrées, différentes de celles des taoïstes.

Forêt de pierres à Kunming.

Le taoïsme a en outre contribué à renforcer le caractère surnaturel qu'on attribue aux montagnes en y faisant vivre les Immortels. Ces huit personnages légendaires habitaient, croyait-on, dans les monts Kunlun, très à l'Ouest, ou sur des îles montagneuses baignant dans la Mer de l'Est. Les Immortels pouvaient apporter la longévité à celui qui réussirait à les rencontrer. Des émissaires envoyés à leur recherche parcoururent mers et montagnes sans parvenir à les trouver.

L'empereur Shi Huangdi fut le premier à faire ériger une montagne artificielle, baptisée Penglai, à l'intérieur de son jardin, espérant ainsi attirer les Immortels et apprendre le secret de la vie éternelle. L'empereur Wu qui lui succéda fit à son tour élever trois montagnes artificielles dans son immense jardin. Il les fit entourer de larges bassins d'eau afin de recréer les îles légendaires et de faire en sorte que les Immortels soient tentés de venir y séjourner.

De là allait naître la coutume de creuser des lacs et de construire des montagnes artificielles, la terre déblayée en excavant les premiers servant de remblai pour ériger les secondes. Quelque dix siècles plus tard, le jardin impérial Beihai, à Beijing, sera aménagé selon le même modèle. L'image des îles montagneuses dans un bassin se perpétuera sous une version miniature, celle des paysages rocheux en pot, les penjings, tels que ceux exposés dans la Cour du printemps.

CRÉER À L'ÉCHELLE HUMAINE

Les montagnes des Immortels furent introduites dans les jardins privés en en réduisant les proportions. La poésie retrace, à l'époque Tang (618–907), l'existence de montagnes artificielles. Sous l'influence de la peinture, les architectes paysagers adoptèrent la théorie voulant « rapetisser la terre pour englober des immensités ». Selon cette conception, lorsque l'esprit a assimilé la « vastitude » de la nature, il peut la recréer à partir de la miniaturisation. Il peut percevoir le grand à travers le petit. La montagne et l'eau deviendront ainsi les principaux éléments des jardins privés.

Tout au long de l'histoire, la poésie a louangé les beautés extraordinaires des paysages des monts Huang ou montagnes Jaunes, alors que la peinture en illustrait les stupéfiantes falaises vertigineuses. Ces images saisissantes ne sont pas qu'un effet de style et elles ne sont pas exagérées par l'imagination. La Chine renferme vraiment des paysages d'une variété et d'une splendeur exceptionnelles. Pour qui a déjà visité des sites aussi étonnants que Shilin, la « Forêt de pierre » du Yunnan, les formations rocheuses karstiques de Guilin, les pics escarpés enveloppés de brume des monts Tai, c'est la réalité elle-même qui semble irréelle. Dès lors, les montagnes artificielles perdent leur caractère factice : la nature aurait pu en fabriquer de semblables. Dans ces amoncellements de roches créés par l'homme, le promeneur retrouvera les falaises, les ravins et les torrents. Il pourra saisir l'essence de la montagne.

Après la miniaturisation, la symbolique et l'accentuation, viendra s'ajouter, avec la fin des Ming, une nouvelle conception du paysage, à mi-chemin entre la reproduction grandeur nature et la réduction d'échelle. La théorie de son instigateur, Zhang Nanwei, reposait sur le fait qu'un promeneur qui explore une montagne n'en voit que des fragments successifs. Par la suite, il se remémore ses impressions et ses visions et arrive à reconstituer en imagination l'ensemble de la montagne. En réalité, une montagne ne peut être vue dans son entier qu'à distance.

Jusque-là, une montagne reproduite en miniature voulait montrer l'ensemble de cette montagne. Elle formait donc un tableau qui devait être apprécié à distance pour conserver cette vue d'ensemble. De plus, étant donné l'espace confiné, elle était souvent inaccessible. Or, la théorie innovatrice de Zhang Nanwei proposait de fragmenter le paysage, de le ramener tel que perçu par la vision humaine. Selon lui, la présence de parties de montagne suffisait à évoquer l'objet complet. Ce style permettra d'introduire des paysages à l'échelle humaine.

L'ART CHINOIS DES ARBRES MINIATURES

Les peintures et les textes anciens ont permis d'établir que la culture des penjings a pris naissance en Chine, il y a quelque 1 700 ans. Déjà sous la dynastie Jin, au IIIe et IVe siècles, le mot *pensai*, signifiant « planté dans un pot », apparaissait dans les écrits. Plus tard, on utilisa le terme *penjing* qui se traduit par « paysage en pot », car on développa la culture de plus d'un arbre dans un même pot, et on composa des paysages à échelle réduite en y incorporant des éléments rocheux ou aquatiques.

Les Japonais s'intéressèrent très tôt à l'art de leurs voisins chinois et le nommèrent *bonsaï*. Le mot est aujourd'hui largement répandu pour désigner ces arbres miniaturisés. Les Japonais firent également découvrir cette culture particulière à l'Occident en présentant des bonsaïs lors de l'Exposition universelle de Paris en 1878 et de celle de Londres en 1909.

DES ŒUVRES D'ART

En taillant branches et racines pour produire ces arbres nains, l'artiste-jardinier tente de créer un microcosme reflétant la nature. Il cherche à reproduire la robustesse et la pérennité de même que l'élégance et l'harmonie

Penjing du parc de la Colline du tigre à Suzhou, au cœur du delta du Yangzi.

de la nature. La miniaturisation d'un arbre, d'un paysage concentre l'essence de l'arbre, de la nature, en éliminant tout superflu. Tout comme l'aménagement d'un jardin, le façonnage des penjings s'inspire des règles artistiques de la peinture traditionnelle.

La culture d'arbres en pot ne pouvait être pratiquée pendant autant de siècles sans perfectionner les méthodes de taille ni donner lieu à des styles différents, voire opposés. Des distinctions émergèrent, notamment entre le sud et le nord de la Chine, et entre la Chine et le Japon, en fonction des mentalités régionales, des traditions artistiques, des espèces traitées ou des conditions climatiques. Le Jardin de Chine abrite, entre autres, plusieurs arbres modelés selon les principes de l'école « Lingnan » rattachée à la province méridionale du Guangdong. Cette école préconise la méthode dite « laisser croître et tailler », c'est-à-dire l'abandon de poids pour faire ployer les branches et de fils de métal

Le lac de l'Ouest, chanté par les poètes de plusieurs dynasties.

enroulés autour des branches, des racines ou du tronc pour orienter la croissance de l'arbre. Ce sont néanmoins les penjings issus de l'école de Shanghai, dont une des caractéristiques est la taille de la ramure en plateaux, qui forment la plus grande partie de la collection.

On peut apprécier un penjing en jugeant, à la fois, de son aspect âgé et noueux et de son port gracieux et naturel. On peut observer l'effilement des cimes, la masse des feuilles et l'élégance des courbes. On peut comparer : l'arbre isolé et ceux regroupés ; les vides et les espaces remplis par les rameaux ; les troncs droits, tordus ou protubérants. Les branches en cascade, les troncs cicatrisés, les troncs sculptés, coincés dans la pierre, et jusqu'au choix du contenant, sont quelques-uns des aspects sur lesquels l'artiste-jardinier travaillera afin de mettre en valeur la maturité de l'arbre.

Au-delà des styles domine le caractère distinctif de l'essence, de l'espèce et de la personnalité de chaque arbre. Pour atteindre l'apparence recherchée, le jardinier doit impérativement tenir compte de ces particularités,

Penjings du parc de la Colline du tigre à Suzhou, la Venise de l'Est, selon Marco Polo.

car elles détermineront l'allure ultérieure et, donc, la valeur artistique du penjing. Une bonne connaissance de la croissance, de la feuillaison, de la floraison, de la fructification propres à chaque espèce est donc indispensable pour réussir. Plus que tout, une patience exceptionnelle sera requise, des années durant, avant que le penjing ne se transforme en œuvre d'art. Ces arbres d'une grande valeur sont entretenus au Jardin botanique de Montréal par des horticulteurs qui se sont perfectionnés auprès de spécialistes chinois et japonais afin non seulement de les garder en santé, mais aussi de poursuivre la taille selon le style commencé plusieurs dizaines d'années auparavant.

LE GINKGO

Le ginkgo possède une résistance exceptionnelle aux parasites et aux maladies ainsi qu'une capacité d'adaptation extraordinaire. Des fossiles ont permis d'établir que l'origine de cet arbre remonte à la préhistoire, soit il y a quelque 150 millions d'annés. Les changements climatiques survenus sur la planète après la période jurassique, celle des dinosaures, l'auraient fait disparaître de la surface du globe où il peuplait tout l'hémisphère Nord. Seule l'espèce *biloba* aurait survécu dans le Sud-Est de la Chine.

Il existe aujourd'hui quelques très vieux spécimens, notamment en Chine, au Japon et en Corée, qui comptent plusieurs centaines d'années. Au XVIIIe siècle, le ginkgo a été réintroduit en Europe, puis en Amérique, après qu'un botaniste allemand l'eut redécouvert au Japon. La résistance phénoménale de cet arbre s'est manifestée à nouveau après l'explosion de la première bombe atomique sur Hiroshima en 1945 : un rejet de ginkgo est en effet apparu sur un arbre situé près de l'épicentre.

Certains ginkgos portent les gamètes mâles et d'autres les gamètes femelles. La distinction est difficile à faire pour les néophytes, sauf à la fin de l'été quand l'arbre femelle se pare de boules jaunes très décoratives (mais ce phénomène n'apparaît pas avant que le spécimen ne soit âgé d'au moins 20 ans, parfois du double). Ces boules jaunes, qui ressemblent à des fruits sans en être véritablement, tombent au sol après une forte gelée et dégagent alors une odeur très désagréable.

Sa résistance et son port majestueux lui valent maintenant d'être soumis à la pollution urbaine. Il est très utilisé dans les rues : c'est, par exemple, une des espèces les plus plantées à New York et à Tokyo (la feuille de ginkgo est l'emblème de la ville), et on en trouve plusieurs spécimens sur l'île de Montréal bien qu'il soit ici à sa limite septentrionale de rusticité. On reconnaît également des vertus thérapeutiques au ginkgo et ses graines sont comestibles. Il se prête bien à la culture en pot : le ginkgo sous forme de bonsaï ou de penjing ne perd en rien ses qualités esthétiques.

Le mot « ginkgo » est d'origine japonaise. Les Chinois le surnomment « patte de canard » à cause de la forme de ses feuilles tandis qu'en Occident, on l'appelle parfois « l'arbre maidenhair » parce que son feuillage ressemble à la fougère du même nom, ou encore « arbre aux quarante écus ». Ce nom proviendrait d'une légende selon laquelle un Français, en voyage en Angleterre, aurait réussi à soutirer à un horticulteur anglais cinq jeunes ginkgos, des plants alors très rares, en ne payant que quarante écus.

Dans la Cour du printemps, un ginkgo nanifié avec ses feuilles en pattes de canard.

LES QUATRE TRÉSORS DU LETTRÉ

Le pinceau, le bâtonnet d'encre, le papier et la pierre à encre sont « quatre trésors » au choix desquels le peintre ou le calligraphe accorde beaucoup d'attention.

Les pinceaux les plus réputés sont ceux dits « pinceaux de Huzhou », provenant de la province du Zhejiang. On les fabriquait déjà il y a 2000 ans avec des poils de mouton, blancs, fins, résistants et effilés. De nos jours, on utilise aussi, de manière homogène ou mixte, des poils de chèvre, de belette, de lapin, de cerf, de blaireau, etc. dont le rendu varie selon les goûts.

Les bâtonnets d'encre existent aussi depuis longtemps ; ceux de Huizhou, dans la province de l'Anhui, sont fameux. Fabriqués à partir de suie de bois de pin, passés au noir de fumée et mélangés d'huile, de laque et d'autres substances, ces bâtonnets d'encre deviennent durs comme du jade et noirs comme la laque. On peut les sculpter, les rendant ainsi très décoratifs.

Les Chinois ont été les premiers à fabriquer le papier. Celui fabriqué avec des écorces de micocoulier à Xuanzhou, dans la province de l'Anhui, était de si bonne qualité que les peintures et les calligraphies anciennes conservées sur ce type de papier ont bien résisté aux siècles.

La pierre à encre est une pierre très dure, plate, mais possédant un léger creux au centre duquel on dilue une infime quantité d'encre dans un peu d'eau. Cette pierre peut aussi être sculptée, ce qui en augmente la valeur. La pierre de Duanzhou, dans la province du Guangdong, est particulièrement réputée.

Les outils du lettré : pinceaux (a), bâtonnet d'encre (b), sceau (c), pierre à encre (d), petite cuiller pour ajouter de l'eau à l'encre (e), récipient d'encre rouge (f), récipient à eau (g).

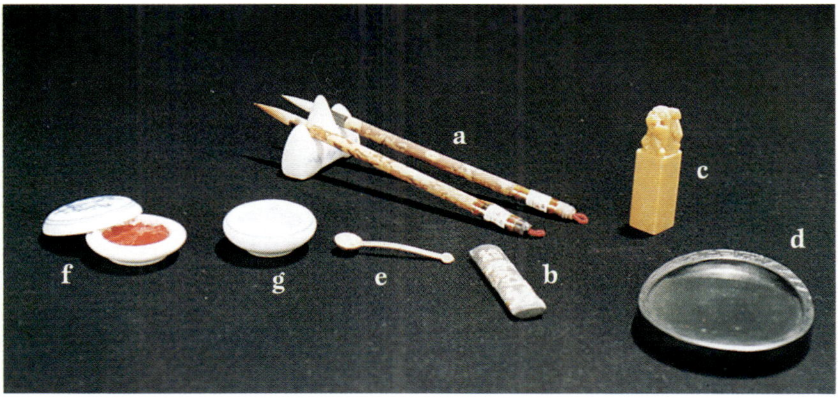

Le Bateau de pierre au Palais d'été à Beijing.

Armoire pharmaceutique en bois laqué noir orné d'or, aux motifs de fleurs et de dragons
Dynastie Ming
(1368–1644)

Cercueil en or de Sakyamuni découvert dans la province de Shanxi
Dynastie Tang
(618–907)

CONCLUSION

Le Jardin de Chine au cœur de Montréal est l'éclosion d'un principe vital transmis au fil des ans, par les Chinois, en Chine et dans des pays privilégiés. Le jardin chinois se veut un ensemble d'éléments aquatiques, végétaux, minéraux et architecturaux se conformant à un idéal d'asymétrie naturelle et semblant germer de la terre comme les fleurs. Basé sur l'illusion, il cherche à capter l'infini. Confiné par la réalité urbaine, il tente de générer la sensation d'espace en subdivisant les lieux. Il se veut un microcosme, représentatif des innombrables changements et mystères de la nature, mais offrant l'isolement nécessaire à tous et chacun. Pourtant, il doit paraître spontané et s'intégrer à la nature comme s'il en était issu. Et c'est ainsi que se présente le Jardin du Lac de rêve.

La sagesse chinoise, révélant une vision profonde et immémorielle de l'univers et de la place qu'y occupe l'homme, permet d'émailler les lieux créés de noms métaphoriques et de jeux de mots. L'irréel engendre un filtrant mieux-être et une envahissante magie.

Qu'il soit d'ici ou d'ailleurs, le visiteur de ce jardin se sent attiré par cette culture différente de la sienne et incité à la sonder. Ce coin d'Orient en terre occidentale est source d'ouverture sur le monde, d'échanges entre les peuples et d'enrichissement personnel.

Habitée par les symboles séculaires de la Chine aux mille parfums ; envoûtée par un lieu exquis propice à la méditation et à l'oubli ; pacifiée par la tendre verdure et l'eau dormante ; stimulée par la rayonnante floraison et les flots cascadants ; envahie par la joie vivifiante de la couleur et de l'harmonie ; transformée par l'ambiance sereine et fortifiante de la sagesse orientale : voilà en quelques mots l'impression de ressourcement ressentie par la personne qui visite le Jardin du Lac de rêve.

Un coin de paradis ; une esquisse de l'art oriental ; une symphonie de la nature où se jouent les mondes végétal, aquatique et minéral ; et une bulle d'eau, de terre et d'air à nulle autre pareille sont autant d'images qu'évoque cet endroit où s'arrête le temps et naît l'émerveillement.

BIBLIOGRAPHIE

BLUNDEN, C. et ELVIN, M. *Atlas de Chine,* Nathan, Paris, 1986.

Chine, Encyclopédie de voyage, Éditions Nagel, Paris, 4e éd., 1984.

CLÉVENOT, Michel (éditeur responsable). *L'état des religions dans le monde*, Éditions du Boréal Express, Montréal, 1987.

DONOVAN, Dorothy-Ann, LORD, Marc et EASTERBROOK, David. *Bonsai Penjing*, Éditions Marcel Broquet, Laprairie, 1985.

FOU, Chen. *Récits d'une vie fugitive (Mémoires d'un lettré pauvre),* Gallimard-UNESCO, Paris, 1967.

GENTELLE, Pierre (éditeur responsable). *L'état de la Chine*, Éditions La Découverte, Paris, 1989.

GERNET, Jacques. *Le monde chinois*, Armand Colin, Paris, 1990.

GROUSSET, René. *Histoire de la Chine*, Fayard, Paris, 1942.

INN, Henry. *Chinese Houses and Gardens*, Fong Inn's Ltd., Honolulu, 1940.

KESWICK, Maggie. *The Chinese Garden, History, Art & Architecture*, Academy Editions, Londres, 1978.

LIU, Dun Zhen. *Chinese Classical Gardens of Suzhou*, China Architecture and Building Press, McGraw-Hill, New York, 1993.

MASPÉRO, Henri. *Le taoïsme et les religions chinoises*, Gallimard, Paris, 1971.

MICHEL, Jean-François. *Ginkgo biloba, l'arbre qui a vaincu le temps*, Éditions du Félin, Collection l'Art vivant, Paris, 1986.

MORRIS, Edwin T. *The Gardens of China, History, Art and Meanings*, Charles Scribner's Sons, New York, 1983.

MURCK, Alfreda et FONG, Wen. « A Chinese garden court, the Astor Court at the Metropolitan Museum of Art », *The Metropolitan Museum of Art Bulletin*, hiver 1980–81.

SAJIB. « Spécial Jardin de Chine », *Quatre-Temps*, vol. 15, no 2, été 1991.

TSU, Frances Ya-sing ou *Zhu Ya-xin. Landscape Design in Chinese Gardens*, McGraw-Hill, New York, 1988.

WEIZHONG, Le. *Éléments essentiels de la construction du « Lac de rêve », jardin de Chine au Jardin botanique de Montréal*, (document inédit, traduit par Jean Marchand), Montréal, mai 1990.

Achevé d'imprimer en juin 1994 à Beauceville sur les presses de l'Imprimerie Interglobe.